KB159785

오늘도
인생의 깨달음을
만났습니다

오늘도
인생의 깨달음을 만났습니다

—— 살아갈 날들을 위한 좋은 마음가짐에 관하여 ——

• 임정묵 지음 •

Today, Living Another Moment of Realization

좋은날들

어떻게 살아야 하느냐고
제게 물으신다면

아침에 눈을 뜨자마자 우리의 뇌는 오감을 통해 쉴 새 없이 쏟아지는 정보를 해석하느라 분주합니다. 내 몸뚱이의 기능이나 사고를 주위 환경에 알맞게 바꿔 주기 위해서지요. 이러한 신체 특성을 생리학에서는 항상성 유지라고 부릅니다. 그 덕분에 우리는 '아, 내가 살아 있구나!'라고 느낄 수 있지요.

세상을 살면서 느끼는 것들은 육체적 적응을 넘어 배움으로도 이어집니다. 세상에 널린 수많은 정보를 나의 지식과 지혜로 바꾸어 주는 것입니다. 세상이 온갖 것들을 보여 주고, 우리는 거기서 살아가는 깨달음을 얻습니다. 가족과 친구, 직장 동료, 지인을 비롯한 세상 사람들, 그리고 집에서 기르는 반려동물을 포함한 모든 생물과 무생물, 심지어 죽도록 미워하는 사람이나 천인공노할 악당까지 이 모두가 삶의 지혜와 깨달음을 주는 이치입니다.

　그런데 문제가 있습니다. 세상은 우리에게 많은 것들을 보여 주지만, 무엇이 답인지는 미리 알려 주지 않습니다. 그 결과 생각지도 못했던 상황 속에서 허둥대거나 힘들어하는 나를 발견하게 됩니다. 일에 치이고 사람에 치이는 데 더해, 이제껏 열심히 쌓아온 삶의 목표나 지향점이 오히려 큰 짐이 되어 나를 짓누르기까지 합니다. 이렇듯 힘겨운 시간을 겪고 난 후에야 세상은 "그렇게 힘들면 한번 이렇게 해보는 게 어때?"라고 넌지시 알려 주는 게 아닌가 싶습니다.

　이 책은 그처럼 세상 만물이 제게 알려준 것들을 돌이켜본 산물입니다. 여태 살아오면서 중요하거나 소중하다고 여겨지는 것들, 그리고 세상살이에서 제가 마주한 소소한 가르침들을 정리했습니다. 그렇다고 "세상을 이렇게 살아야 한다."라며 억지로 여러분의 등을 떠밀 의도는 전혀 없습니다. 너무 익숙해서 오히려 잊고 살아가는 삶의 소중한 가치들을 함께 생각해 보고 싶었을 따름이지요.

　우리 삶에서 중요한 것은 무엇이고, 소중한 것은 또 뭘까요? 그리고 그것들을 이루기 위해 어떤 마음가짐으로 살면 좋을까요?

　여기에 대한 답은 사람마다 제각각일 것이고, 딱 부러지는 정답이 있을 리도 없습니다. 자아실현, 공부, 부나 명예, 연인, 가족, 행복, 건강 등이 다 중요하고 소중할 테니까요. 다만 놓치지 말아야 할 것 하나는, 나 혹은 우리에게 진정 소중하고 가치 있는 것들을 외면하지 않는 삶의 자세입니다. 그러자면 바쁜 나날 속에서도 한 번쯤 옆이나 뒤를 돌아보는 여유가 있어야 할 것 같습니다. 매일같이 앞만 바라보며 목표만 좇다 보면 삶의 다른 가치들은 아예 눈에 들어오지 않을 우려가 있습니다. 때로는 뭔가를 잃어버린 다음에야 내게 소중한 것들을 깨달을지도 모르는 일입니다.

　몇 년 전에 《좋은 아버지 수업》이란 책을 내면서 인생의 큰 실수를 한 것만 같아 몸 둘 바를 몰랐던 적이 있습니다. 평소에 저도 제대로 못 하는 일을 마치 도가 튼 사람처럼 꾸역꾸역 적어 용감하게 출판까지 한 스스로가 창피했습니다. 오죽하면 글을 쓰는 제 모습을 보던 아내가 "무슨 '사기'를 치려고 책까지 내냐!"라며 핀잔을 주기까지 했으니, 당시에 '좋은 아버지 수업'이 아니라 '좋은 남편 수업'을 썼다면 아마 큰 난리가 났을 것입니다!

　책을 쓰는 무모한 실수는 두 번 다시 안 하겠다고 다짐했건만, 작년 이맘때쯤 예전의 출판사 대표가 다시 책을 쓰자는 제안을 해왔습니다. 이번에는 교육자나 아버지로서의 경험이 아니라 살아오면서 깨달은 세상 사는 이야기를 들려 달라는 것이었습니다. 반년 넘게 고사했지만 또 '무모한' 결정을 내리고 말았습니다. 제가 느끼고 살아온 경험이 누군가에게 아주 작은 보탬이라도 될 수 있으면 좋겠다는 생각에 다시 용기를 낸 것이지요. 단지 출판사 대표께 양해를 구했습니다. '저는 누구의 인생을 가르칠 자격이 없으니, 이렇게 시행착오를 겪으며 삶을 바라보는 방식도 있다는 정도로 쓰겠다.'라고요.

　저는 여전히 배움이 많이 부족한 사람입니다. 그렇지만 오십 년 넘도록 살아오며 이 세상에 '천년 비급' 따위가 없다는 사실만큼은 깨달았습니다. 진리라고 믿는 가치가 존재하고 선과 악 또한 분명 있겠지만, 우리 모두는 상대적인 판단에 기대어 한평생을 살아갑니다. 그러한 판단의 지혜를 알려 주는 선생님이 바로 세상 만물이라는 사실을 이제 어렴풋하게나마 알 것 같습니다. 일상에서 만나는 삶의 소소한 깨달음들이 우리 마음을 살찌운다고도 느끼면서요.

세상 만물에서 무엇을 배우고 받아들일지는 각자의 몫이겠습니다만, 이 책이 살아가면서 중요한 것들을 외면하지 않고 소중한 것들을 다시 한번 돌아보는 계기가 된다면 더할 나위가 없겠습니다.

덧붙여 '잠깐 만나면 좋은 사람처럼 보여도 늘 같이 있으면 꽤나 성가신' 저와 살을 맞대고 살아가는 아내와 아이들, 그리고 지금은 돌아가신 저의 정신적 지주였던 아버지에게 이 책을 쓸 수 있게 해주신 고마움을 전하고 싶습니다. 아버지는 제게 세상을 살아가는 가장 큰 깨달음을 주셨습니다…….

관악의 교정에서

임정묵

차례

노력한 만큼 꼭 대가로 돌아오지는 않지만,

어쩌다 해본 사소한 시도가 인생을 크게 변화시키기라도 한다면

도대체 어디에 장단을 맞춰야 할까요?

제가 세상에서 이리저리 뒹굴며 얻은 결론은

'그저 오늘 하루를 열심히 살자!'였습니다.

Part 1

가을을 지날 때쯤 보이는 것들

01

삶은 노력만으로 되는 게 아니다

세상을 살다 보면 내가 바라거나 목표했던 일이 이루어지기보다 그렇지 않을 때가 더 많은 것처럼 느껴집니다. 사실 당연합니다. 원하는 게 '이루어지지 않았기' 때문이지요.

허겁지겁 사무실에 도착해서는 '커피라도 한 잔 사가지고 올걸.'이라며 아쉬워하고, 아무 생각 없이 만원 버스에 올랐다가 '다음 버스를 탈걸.'이라며 후회하곤 합니다. 이루어지지 않은 일 때문에 마음이 더 착잡해지는 일도 있습니다. '처음 면접 본 회사에 들어갔더라면.', '공부라도 열심히 했더라면.', '그 사람과 좀 친하게 지냈더라면.' 등등입니다. 하지만 돌이킬 수는 없습니다. 그렇게 할 수 있었던 순간들은 이미 죄다 과거에 숨어 버렸으니까요.

이루어지지 않은 일 대부분은 우리가 하지 않았거나, 혹은 할 수 없었던 것들입니다. 그래서 아쉬운 마음이 들고, 그 대신에 한 일은 성에 차지 않아 더욱 후회가 남는 것 같습니다. 하지만 이루지 못한 일이 애당초 나의 선택에서 비롯되는 문제였다면, 그에 대한 평가도 내 마음이 어떻게 받아들이는지에 따라 갈린다고 할 수 있습니다.

저 역시 살면서 그런 일들이 적지 않았습니다. 그런데 한참 지난 후 기억을 더듬어 보면 참 신기하다는 생각이 들곤 합니다. 원하는 것을 붙잡지 못한 당시에는 약도 오르고 마음이 괴로워 잠을 자다가도 죽은 강시처럼 벌떡벌떡 일어났는데, 불과 몇 달 혹은 몇 년이 지나고 나니까 그때 제 뜻대로 되지 않은 게 오히려 잘됐다는 생각이 드는 것이었습니다. 이루지 못한 일 대신에 한 다른 일이 제 분수에 맞는 결과를 만들어 주었기 때문일까요? 아니면 원하는 것을 얻었을 때의 책임감, 치러야 할 대가에 대한 부담을 덜 수 있었기에 그런 마음이 들었을 수도 있습니다.

이런 일을 몇 번 겪은 후부터 과정에는 충실하되 결과에는 크게 연연하지 않는 태도가 바람직하다는 생각을 갖게 되었습니다. 사실 주변을 보더라도 자신의 목표를 하나하나 다 이루며 사는 사람은 드뭅니다. 뭔가 큰일을 성취한 사람도 알고 보면 그 업적 외에 다른 목표들은 어그러져 버린 경우가 많습니다. 단지 그 사람이 이룬 일만 우리 눈이나 귀에 쏙 들어왔을 뿐이지요.

중요한 것은 이미 지나 버렸거나, 혹은 아직 닥치지 않은 일이 아니라 지금 내 눈앞에 놓인 현실일 것입니다. 학교에서 실험과 관련해 가르칠 때 이런 점을 확연히 깨닫습니다. 학생들에게 본인이 해야 할 연구의 디자인을 해오라고 하면 어마어마한 실험 계획을 가져옵니다. 해야 할 실험을 적게는 몇 개, 많게는 수십 개까지 만들곤 하지요. 그 계획을 위해 열띤 토론과 고민을 한 듯하고, 마침내 제 앞에서 기나긴 발표로 기염을 토합니다. 그런데 학생들이 세운 거창한 계획은 유감스럽게도 실험 하나를 딱 끝내면 거의 무용지물이 되어 버립니다. 처음의 실험 결과가 의도한 대로 나오지 않는 경우가 허다한데, 그것이 사실인지 오류인지를 확인하기 위해 생각지도 않았던 실험을 해야 하니까요. 원래 계획했던 두 번째 실험을 하기는커녕 첫 실험의 보충 실험을 하느라 날밤을 새우는 것입니다. 그래서 제 목청이 커지는 일이 종종 있습니다. "쓸데없이 거창한 계획을 세우지 말고 처음에 해야 할 실험 하나에만 집중해라!"라고요.

첫 실험부터 곧잘 마주치게 되는 이러한 과정은 과학 실험의 기초 중 기초로 '가설의 검증'이라고 합니다. 처음에 세운 가설을 입증하다 보면 원래 가설에서 새끼 가설들이 꼬리에 꼬리를 물고 나옵니다. 엄마 가설과 새끼 가설이 다 증명되어야 실험의 오류인지 아니면 새로운 발견인지를 알게 되지만, 학생들은 대개 거기까지는 생각이 미치지 못합니다. 그냥 '이렇게 된 다음에는 저렇게 될 것이다.'라고 어림잡으며 실험을 계획하고, 원하는 대로 결과가 안 나오면 그제야 "교수님, 실험이 좀 이상한데요."라며 갈피를 못 잡곤 하지요.

하물며 삶은 과학 실험도, 수학 방정식도 아닙니다. 내가 뭔가를 목표로 온 힘을 다한다고 해서 뜻하는 대로 착착 이어질 리 없고, 노력한 만큼 꼭 대가로 돌아오지도 않습니다. 삶의 순간을 구성하는 수많은 요소들을 우리가 낱낱이 알 수 없기 때문이지요. 먼저 이 사실을 인정해야 합니다. 그 위에 하루하루의 노력을 차곡차곡 쌓을 수 있어야 하지요. 그래야 지치지 않고 계속 노력할 수 있으며, 생각지 못한 변수에 마음이 고달파지는 일도 줄어들게 됩니다.

오래전에 〈나비 효과The Butterfly Effect〉란 영화를 인상 깊게 본 적이 있습니다. 삶의 어느 시점에서 이루어진 하나의 행위가 인생을 송두리째 바꾼다는 줄거리였습니다. 재미도 있었지만 많은 것을 느끼게 해준 영화였습니다. '으음. 인생에서 선택은 정말 중요해.'라는 생각이 얼핏 들었고, '그때 내가 다른 선택을 했다면 어떻게 되었을까?'라는 궁금증이 일기도 했습니다. 그러고 보면 시간이란 놈은 참 무섭습니다. 방금 손가락 하나만 까딱해도 이게 어느새 지나간 나의 삶이 되어 버립니다. 아무리 똑같은 일을 그대로 반복하더라도 시간과 맞물려 다른 과거가 되고, 이는 다시 또 다른 미래로 이어지지요. '하나를 바꾸면 모든 게 바뀐다.'라거나 '작은 생각 하나가 인생을 바꾼다.'라는 말은 그래서 나오는 듯싶습니다.

노력한 만큼 꼭 대가로 돌아오지는 않지만, 어쩌다 한번 해본 사소한 시도가 인생을 크게 변화시키기라도 한다면 도대체 어디에 장단을 맞춰야 할까요? 생각해 보았자 답이 나오지 않는 명제입니다. 제가 세상에서 이리저리 뒹굴며 얻은 결론은 '그저 오늘 하루를 열심히 살자!'였습니다. '해결될 문제라면 걱정할 필요가 없고, 해결이 안 될 문제라면 걱정해도 소용없다.'는 티베트 격언이 있듯이 야심 찬 계획보다는 주어진 현실에서 하루하루 열심히 살아가는 게 바람직한 삶이 아닐까 싶습니다. 내가 가고자 하는 길의 방향성 정도만 정해졌다면 너무 노심초사하거나, 숨을 헐떡이며 뛰어갈 생각도 하지 말고 한 걸음씩 꾸준히 내딛는 게 최선의 방책이라는 거지요.

'앞으로 내가 어찌 될까?'라며 앞날이 걱정인 사람들이 많을 것입니다. 삶을 충실히 살기 위해 인생 목표를 세우고 해마다 달마다 해야 할 일을 치밀하게 세우지요. 그리고 그 계획대로 살아가고자 많은 노력을 합니다. 행여 계획에서 하루라도 어긋나거나 나태해지면 머리를 싸매가며 고민하고 스스로를 탓합니다. 그렇지만 하루나 반나절, 아니 한 시간이라도 계획대로 하지 못하면 '나비 효과'에 의해 처음부터 다시 계획을 짜야 하지요. 그러니 앞날의 계획에 너무 얽매이지 않아도 좋을 것 같습니다. 어차피 내가 세운 계획은 크든 작든 어떤 우연한 일로 바뀌어 갈 지(之) 자를 그리며 쭉 이어질 테니까요.

사람마다 가치관과 살아가는 방식은 모두 다르겠습니다만, 오늘 하루를 잘 살기 위해 노력하는 마음가짐이 가장 밑바탕에 놓여야 할 것 같습니다. 그 외에 지금 하는 걱정의 대부분은 훗날 나의 성공과 실패, 부귀영화 등과는 별 관계없는 가상의 것들로 남을 테니 거기에 너무 마음을 빼앗기지 말고요. 오늘 하루를 열심히 살려고 하고, 그렇게 하루를 열심히 살았다면 그에 만족하고, 기대에 많이 못 미친 하루였다면 기나긴 인생에서 딱 오늘 하루만 망쳤다고 생각하면 어떨까요? 내일은 또 다른 '오늘'이 다시 시작될 테니까요. 어쩌면 하루살이처럼 오늘 하루만 생각하며 노력하는 삶이 불확실한 세상의 가장 현명한 세상살이

시간을 되돌릴 수 있다면
내 인생을 어디서부터 바꿔야 할까?
먼 훗날에 내가 바라는 모습을 이루려면
'오늘' 무엇을 바꿔야 할까?

가 아닐까 싶습니다.

살아가면서 어느 한 시점의 선택, 그런 후 하루하루의 삶이 쌓여 내 인생의 변곡점이 만들어집니다. 물론 한참의 시간이 흐른 다음에야 비로소 그때의 선택이 나비 효과의 시작이라는 사실을 알게 되지요. 사람은 누구나 자신의 삶을 결정하는 변곡점의 시간을 갖습니다. 그 시간은 기회가 될 수도 고비일 수도 있는데, 변곡점의 순간이 꼭 내가 원해서 오지는 않습니다. 나의 의지나 노력과는 무관하게 들이닥치기도 하는 것이지요. 때로는 그 순간이 너무나 힘들고, 격렬하며, 뭐가 뭔지 모르는 상황에서 나를 휩쓸어 버리기도 합니다. 그래서 마치 운명이 아닐까 하는 느낌을 받기도 하지만, 돌이켜보면 주위 환경, 내가 살아온 경험, 부모형제, 친구 등 여러 요인이 얽히고설켜서 다음의 선택으로 내몰리게 되는 경우가 많은 것 같습니다. 그것이 운명이든 순전히 나의 선택이든, 변곡점 이후의 내 삶은 나비 효과에 의해 선택되지 않은 삶에서 점점 멀어집니다.

그렇게 삶은 선택과 우연의 연속입니다. 내가 원하는 대로 이루어졌을 때는 탁월한 선택을 한 게 되고, 그렇지 않은 경우에는 잘못된 선택을 했다고 믿습니다. 내 삶에는 이루어지지 않은 일만 잔뜩 있는 것처럼 느껴지기도 하고요. 물론 이런 생각은 어디까지나 지금의 관점입니다. 아마도 선택할 당시에는 그게 최선이었을 것입니다. 실패하기 위해 선택하는 사람은 없을 테니까요. 더욱이 이미 해버린 선택이 성공, 아니면 설사 실패였다고 해도 이 모두는 내 삶에 녹아 있는 나의 이야기로 남습니다. 이것을 부정할 수는 없습니다.

삶에서 변곡점의 시간을 미리 알 수 있다면 얼마나 좋을까요? 좀 더 신중하게 앞날을 계획해 보다 만족스러운 삶을 만들 수 있을 테니 말이 지요. 하지만 이는 불가능에 가깝고, 세상살이가 내가 계획한 대로 그리 만만하게 굴러갈 리도 없습니다.

저 역시 살면서 그 같은 변곡점의 시간이 여러 번 있었습니다. 대략 네댓 장면이 떠오르는데, 지금 생각하면 제 삶을 가른 중요한 터닝 포인트였어도 그때는 그리 심각하게 받아들이지 않았던 것 같습니다. 우연히 잡은 행운, 혹은 갑자기 들이닥친 불행쯤으로 단순하게 여겼습니다. 누구나 그렇듯이 이렇게 살 줄은 꿈에도 몰랐지요.

그 처음 장면, 제 삶의 첫 번째 변곡점은 아버지의 강요(?)로 당시에 전국 최고라는 초등학교에 전학을 간 사건이었습니다. 제가 원했던 게 아니라 먼 동네로 이사를 가는 바람에 우연히 그리되었지요. 서울 변두리 학교에서 일이 등을 놓치지 않으며 한창 우쭐하던 5학년 때 전학한 명문 사립학교에서 첫 시험을 본 후의 참담함이란……. 멀쩡한 세상이 무너지는 경험을 난생처음 한 것 같았습니다. 어린 마음이었지만 엄청난 수모와 허탈함을 느꼈고, 제 자신이 우물 안의 개구리였다는 사실도 깨달았습니다. 그때의 열등감은 대학을 졸업하고 취직할 때까지도 마음속 어둠으로 남아 있었습니다.

게다가 나이가 들면서 알게 된 더 안 좋은 점은, 그 열등감을 제 자신을 업그레이드하는 도구로써 이용하고자 부단히 애썼다는 사실입니다. 현실의 목표 아래 경쟁의식만 마음속에 가득히 채웠던 제 모습이 아른거립니다. 친구들과 나를 비교해 가며, 그리고 공부 안 하고 노는 척하면서 죽기 살기로 공부했지요. 열등감을 극복하기 위한 그 노력과 행동은 지금의 저를 만든 동력이 되었습니다만, 탐탁하게 여겨지지는 않습니다. 누군가, 무엇과의 경쟁에서 이기려고만 하면 삶에서 더더욱 경쟁할 거리만 찾게 됩니다. 그러다가 결국 '내가 지금 뭘 위해 이러는 거지?'라는 생각에 부딪힐 수밖에 없는데, 그런 것들은 그냥 흘려버리고 말았습니다. 목표를 이루는 게 더 중요했으니까요.

변명 같지만 제가 어릴 때는 개인은 물론이고 우리나라의 모든 학교와 회사들이 다 목표에만 매달렸습니다. 학교에서는 1등, 사회에서는 '잘살아보세', 기업은 '수출 ○○○억불 달성'이 지상 과제였습니다. 극복해야 할 목표와 대상을 정하고는 수단, 방법을 가리지 않으며 정말 열심히 노력했지요. 내 마음과 사회가 병들건 말건 목표 달성의 결과물에 환호하며 부정적인 영향은 필요악으로 여기곤 했습니다. 바로 그 결과가 지금 우리가 누리는 경제적 풍요와 그 이면에 감춰진 양극화가 아닐까 합니다. 결과가 아무리 좋다고 하더라도 우리의 삶, 또는 사회에는 좋은 결과와 함께 치러야 할 대가가 고스란히 남습니다. 언제가 됐든, 좋든 나쁘든 그 대가는 꼭 치러야 합니다.

제 삶의 두 번째 터닝 포인트는 대학교 입학 사건이었습니다.

지독한 사춘기 고민에 빠지다 보니 급격한 성적 하락으로 고등학교 2학년 때는 내내 방황했습니다. 그런데도 기적처럼 재수도 하지 않고 대학에 바로 들어올 수 있었습니다. 주위 친구들은 경악을 금치 못했고 선생님들 역시 의아심 반, 감탄 반으로 바라볼 만큼 모두의 예상을 벗어난 입시 결과였지요.

오랫동안 비밀로 지켜온 그 비결은 대입학력고사(요즘의 수능) 2교시 수학 시험에 있었습니다. 제가 보았던 1981년 대입은 수학이 특히 어려워 총 25문제 중 절반만 맞혀도 이른바 SKY 대학의 합격이 보장되던 상황이었습니다. 정신없이 수학 문제를 풀던 와중에 저는 눈앞이 깜깜해지며 거의 멘탈이 붕괴될 지경이었습니다. 어찌어찌해서 간신히 문제를 풀기는 풀었는데, 웬걸요! 일곱 문제씩이나 사지선다형 어디에도 제가 푼 답이 없었습니다. 어쩔 수 없이 제가 푼 답안과 가장 비슷한 수치의 답을 찍었는데, 그중 무려 다섯 문제가 맞았습니다. 바로 이 '괴력'으로 원하는 대학에 들어온 것이지요.

저는 이 사실에 대해 입을 꾹 다물었습니다만, 요행은 오래가지 않았습니다. 저와 함께 같은 과에 입학한 동기들은 저처럼 정답을 찍어서 들어오지 않았을뿐더러 공부란 노력한 만큼 드러나기 때문이었습니다. 늦게나마 정신을 차리고 공부에 매달려 보기는 했어도 학사 경고를 맞는 참담함은 피할 수 없었습니다. 이후 한동안 술과 친하게 지내다가 군대에 가고, 그 밖에도 여러 시행착오를 거치면서 간신히 대학을 졸업할 수 있었습니다.

이때 처음 깨달았는지도 모르겠습니다. 내가 원하는 목표를 이루는 것과 그로 인한 삶의 내용, 그리고 얻게 되는 가치들은 전혀 다른 문제였습니다. 목표 못지않게 그 뒤에 숨은 과정도 중요하기는 매한가지였던 것이지요.

그렇게 대학을 졸업하고, 십 년을 넘게 더 공부한 끝에 지금의 자리에 다다른 저는 제 인생의 가을을 지나고 있습니다. '찍기의 기적' 외에 몇 번의 변곡점이 더 있었는데, 인생의 봄에는 따뜻한 봄이라서 들뜨고 여름에는 더위와 싸우며 정신없이 사느라 많은 것들을 놓치며 살아온 듯싶습니다.

인생이란 항로는 천신만고의 노력으로 바닷길을 헤쳐 목표에 도달하는 게 다인 줄만 알았습니다. 하지만 정작 그 목표를 떠받치는 것은 하루하루의 진솔한 삶이었습니다. 날마다의 노력이 쌓이는 가운데 어느덧 목적지가 시야에 들어오는 것이지요. 진작 오늘 하루를 더 소중히 여기고 만끽하며 살 걸 그랬습니다.

02

내일을 버릴 수 있는 용기

대학원을 다니는 한 친구의 고민을 들어준 일이 있습니다. 나이가 조금 있는 '노땅' 학생이었지요. 제가 보기에 매사에 열심이었고 다른 선생님들 사이에서도 평판이 좋았습니다. 주위 선생님이나 연구원들이 뭔가를 부탁하면 거절하는 모습을 한 번도 본 적이 없었습니다. 평소 믿음이 가는 친구라서 다른 연구실에 '한 수' 배우라며 보냈던 터였습니다.

그런 친구였는데, 어느 날 그쪽 선생님이 제게 일렀습니다.

"그 친구 요즘 학교에 9시까지 오는 일이 거의 없어. 야단 한번 쳐야 할 거 같은데……."

이런 이야기를 듣고서 다시 유심히 보게 되었지요. 아니나 다를까 예전에 비해 톱니가 하나 빠진 듯이 생활하는 것 같았습니다. 과제를 이해하는 능력이 떨어진 것 같고, 일을 그냥 뭉개고 있는 모습도 보였습니다. 일단 '첩보'를 확인한 저는 그 학생을 불렀습니다. 지금 하고 있는 일에 대해 가볍게 주고받다가 본론을 꺼냈지요.

"요즘 무슨 일 있어요?"

그러자 잠시 침묵이 흐릅니다.

"예전과는 다르게 생각이 어디 다른 데 있는 거 같던데. 어딘가 5프로쯤 부족해 보이는 것도 같고. 누가 그러던데 연구실에도 가끔 늦게 나온다며?"

한 번 찔러 보았지만, 여전히 속 시원한 대답을 하지 않길래 이번에는 좀 더 대놓고 물어보았습니다.

"자네 얼굴을 보면 뭔가가 마음에 가득한 거 같아⋯⋯."

다시금 침묵이 흐르고, 이윽고 자기 속마음을 꺼냅니다.

"사실은⋯⋯. 제가 능력이 많이 부족한 거 같아서요. 선생님들이 일을 시켜도 제대로 못 해내니까 머릿속부터 멍해지더라구요. 아무래도 능력 문제인 거 같습니다. 일이 밀릴 때는 서너 가지 일을 한꺼번에 처리해야 하는데, 그게 안 되니까 연구실 일은 일대로 꼬이고 저도 자꾸 무기력해지기만 하고⋯⋯."

자세한 사정을 들어 보니 사실 큰 문제는 아니었습니다. 그래도 사람 마음이라는 게 남들이 보면 별것 아닌 일이라도 그 문제 하나가 머릿속에 꽂히면 큰 고민거리가 되어 어찌할 바를 모르는 법이지요. 그것이 심해지면 우울증에, 강박증에, 공황 장애로 이행하면서 차츰 힘든 시간을 보내게 됩니다.

"어이구. 네가 너 스스로를 묶고 있구나."

통명스럽게 건넨 말에 그 친구가 흠칫합니다.

"자네가 크게 잘못 생각하는 게 하나 있어. 세상 사람들의 능력은 다 거기서 거기야. 왜냐고? 타고난 능력부터가 다들 비슷하거든. 그러니까 노력한 만큼 돌아올 수밖에 없어. 만약 어떤 사람이 세 가지 일을 한 꺼번에 한다면 그는 한 가지 일에 매달리는 사람에 비해 능력이 3분의 1로 떨어져. 이건 아주 단순한 거야. 마찬가지로 한 가지 일을 하면서 자기 시간의 절반을 딴생각하는 데 써버린다면 어떻게 될까? 일 처리 능력이 반으로 떨어지는 게 당연하겠지?"

이렇게 전제를 깐 다음에 말을 이어 갔습니다.

"능력 문제가 아니야. 해야 할 일을 너무 많이 만들었어. 그러니까 일의 진도가 늦어질 수밖에 없고, 어느새 일 자체로 머릿속이 뒤죽박죽 되어 버리는 거지. 눈앞의 일에 몰두해야 하는데 그 자리를 이런저런 잡념이 차지하고 있으니까 더욱 답이 보이지 않을 수밖에."

노땅 친구가 말을 잊은 채 시무룩한 표정을 짓습니다. 이어 한숨을 푹 쉬는가 싶더니 눈시울마저 붉어졌습니다.

생각해 보면 그렇습니다. 누구나 앞날에 대한 계획을 세웁니다. '다 계획이 있어야' 일이 뜻대로 풀릴 것 같기 때문이지요. 처음에는 계획에 맞춰 열심히 일하고 일도 그럭저럭 소화해냅니다. 하지만 사람은 기계가 아니지요. 살다 보면 전혀 예상하지 못했던 일이 생깁니다. 아이가 갑자기 아플 수도 있고, 가까운 지인을 문상해야 할 일도 있습니다.

당연한 말이지만, 이런 일들을 미리 계획할 수는 없습니다. 엎친 데 덮친다고 할까요, 주변 동료의 부탁, 청탁, 민원이 한꺼번에 몰리기도 합니다. 아이러니하게도 일을 열심히 잘하는 사람일수록 이런 돌발 변수가 많이 생기지요. 그 일들을 챙기다 보면 오늘 해야 할 일이 뒤로 밀릴 수밖에 없습니다.

상황이 이렇게 되면 차츰 일이 꼬이기 시작합니다. 여행길에서 자동차 사고가 난 것과 비슷한 경우이지요. 사고를 수습하다 보면 계획한 시간 내에 목적지에 도달하기란 불가능해지고 이후의 일정에도 지장을 초래합니다. 마음이 조급해지고 서둘러도 보지만, 서두른다고 해결될 게 아닙니다. 평소의 일 처리도 마찬가지입니다. 목표는 저만치 멀리 있는데 다른 엉뚱한 일들이 자꾸 끼어드니까, 내가 맡은 일의 끝이 보이지 않습니다. '이건 아닌데…….'라는 생각이 들면서 몸이 피곤해지고, 일의 집중이 안 되고, 급기야 내 자신이 너무 무능력하게 느껴지게 됩니다. 내 앞에 놓인 일들이 너무 많아서 세상살이가 힘들게만 느껴지는 '병'은 대개 이런 식으로 진행됩니다.

눈시울이 붉어진 그 친구에게 물어보았습니다.

"자네가 걸어온 길을 후회해?"

"아니요!"

아직 그렇게 중증은 아닌 듯합니다. 개선의 여지가 보였습니다.

"세상에서 뭔가를 이루어내고는 싶고?"

"네……."

"그럼 다시 시작해야지."

이제 다시 시작하면 됩니다. 수렁에서 빠져나와 뭔가를 다시 시작할 수 있는 아주 간단한 방법이 있습니다. 하루살이처럼 내일은 없다는 듯이, 그리고 조금 전까지의 일은 다 잊어버린 듯이, 태연하게 오늘을 사는 것입니다.

"일단 머릿속부터 비워. 어떤 생각도 하지 않는 게 좋아. 다른 생각이 떠오르더라도 그냥 바로 폐기처분해. 그렇게 머리를 텅 비운 다음에 오늘 하루에 뭘 할지만 생각하는 거야.

그리고 오늘 하려고 했던 일은 무슨 일이 있어도 마치도록 해. 일이 늦어지면 밤을 꼬박 새우는 한이 있어도 끝내는 거야. 대신에 그날 할 일이 빨리 끝나면 그냥 놀아. 아무 생각하지 말고. 중요한 거 또 한 가지! 자네가 생각하기에 못 할 일 같으면 처음부터 거절해. 한다고 해놓고 못 하는 것보다 차라리 거절하고 욕먹는 게 훨씬 마음이 편하거든. 쓸데없는 부탁도 멈출 것이고!"

우리는 많은 계획을 하며 살아갑니다. 짧게는 며칠부터, 길게는 몇 년의 계획까지 내 삶의 청사진을 만들곤 합니다. 제가 학교에 다닐 때는 그런 인생의 준비 작업이 정말 중요하다고 배웠습니다. 물론 앞으로 뭘 하고 살지?, 라며 꿈을 꾸고 방향을 잡아가는 일은 중요하겠지요. 하지만 거창한 인생 계획보다 지금 있는 자리에서, 당장 해야 할 일을 삶의 중심에 놓는 게 더 중요하다는 생각이 듭니다.

저는 이런 인생 찰나(?)의 중요성을 대학원 과정 때 절실하게 느꼈습니다. 거대한 인생 시뮬레이션을 세웠더니 그 고민들이 날마다 따라다

녔습니다. 앞날의 이런저런 계획을 생각하느라 오늘 해야 할 일을 제대로 끝내지 못했고, 이게 자꾸 쌓이면서 인생의 거대한 계획도 다시 손봐야 했습니다. 이런 일들의 반복과 악순환이 이어지다 보니까 능력에 부쳐서인지 하나둘 포기의 수순을 걷기 시작했습니다.

그러면서 문득 '거창한 인생 계획이 정말 필요할까?'라는 생각이 들었습니다. 한 치 앞을 못 보는 게 사람 일인데 말이지요. 그때부터 오늘 하루만 생각하며 살기로 했던 것 같습니다. 그렇게 살아 봤더니? 하루만 생각하며 산다고 마음먹어도 어쩔 수 없이 미래에 대해 생각하곤 합니다. 하지만 부담은 훨씬 적습니다. 왜냐하면 그저께, 어제, 그리고 오늘 하루도 나름 뭔가를 했다는 만족감이 불확실한 미래에 대한 걱정을 상당히 엷게 해주기 때문이지요.

다들 마찬가지이겠지만, 저만 하더라도 살면서 제 능력의 한계를 자주 느끼곤 합니다. 너무 많은 일을 '자~알' 해야 하니까요. 강의를 잘해야 하고, 연구도 잘해야 합니다. 좋은 대학을 만들기 위해 보직도 맡아야 하고, 우리나라 교육과 연구 발전을 위해 관청의 부름을 받아 기획도 해야 하고, 가끔씩 재능 기부도 해야 합니다. 그렇다고 집에 일찍 퇴근해 쉬지도 못합니다. 술 마시면서 사람 관리(?)를 해야 하고, 친구들 호출을 모른 척할 수도 없는 노릇입니다. 기본적으로 본업과 사회생활에서 할 일이 너무 많습니다. 어쩔 수 없이 그중에 급하고 중요한 일부터 처리하다 보면, 뒤로 밀리고 밀린 일은 결국 '펑크'가 납니다. 모든 일을 능숙하게 처리하는 것처럼 보이는 사람도 알고 보면 역시 뭔가를 놓치곤 합니다. 건강을 해친다거나 가족을 소홀히 한다거나……. 모두가 만족하는 모든 일을 해낼 수는 없습니다. 누군가에게는 핀잔을 들을 것이고, 욕을 먹기도 할 것이고, 그러다가 '찍히기까지' 합니다. 무슨 방법이 없을까요?

내가 가진 것들 중에 몇 개를 버리면 됩니다. 버려야 새로움이 채워지는 게 세상살이의 이치입니다. 맡은 일이 너무 많아서 문제라면 어떻게든 일부터 줄이는 게 순리입니다. 장난감에 욕심내는 어린아이를 봐도 그렇습니다. 쪼그만 바구니에 장난감을 잔뜩 넣고도 더 담으려고 합니다. 꽉 차서 장난감이 밖으로 떨어지면 집어넣고, 떨어지면 또 집어넣고를 되풀이하지요. 엄마가 바구니에서 장난감 몇 개를 빼주거나 가지런히 정리해 주려고 하면 그냥 '와앙!' 하고 울어재낍니다. 제 것을 빼앗기기 싫다는 거지요. 뜨거운 커피의 온도를 낮출 때도 마찬가지입니다. 주문한 커피가 혀를 댈 만큼 뜨거우면 얼음이나 찬물을 넣어야 하는데, 컵에 커피가 가득하면 적당히 버려야 내가 원하는 온도에 딱 맞출 수 있습니다. 이때 또 '희생'이 따릅니다. 비싼 돈을 치른 커피 맛이 연해지는 것입니다.

요컨대 원하는 무엇인가에 집중하기 위해서는 내가 가진 일부를 내려놓아야 합니다. 장난감이나 커피뿐 아니라 회사 업무나 사회생활, 개인적 목표도 다를 게 없습니다. '부족한 것은 시간이 아니라 시간 관리'란 말이 있기는 하지만, 부족한 시간을 어찌해 보기 이전에 내 한계를 넘어서는 일, 그에 대한 마음의 욕심을 쳐내는 게 먼저일 것입니다. 게다가 사람들이 '중요한 일이라서 꼭 해야 한다.'라고 생각하는 일들 중

상당수는 중요하다기보다 급한 일인 경우가 많습니다. 진짜 중요한 일인지 돌아볼 필요가 있는 거지요.

사람의 욕심에는 끝이 없습니다. 하나를 얻으면 다른 하나가 아쉬워지는 법입니다. 그 부족한 것을 채우려고 또 다른 뭔가를 가져와 억지로라도 욱여넣습니다. 하지만 뭔가를 채워도 여전히 허전할 수밖에 없습니다. 내게 있는 것은 보려 하지 않고, 없는 것에만 마음이 가기 때문입니다. 나만 없는 것 같아 '왜 나는 없을까?'라며 스스로 주눅이 들고, 나보다 못해 보이는 사람이 뭔가를 갖게 되면 분한 마음이 들기도 합니다. 이런 생각이 들면 대놓고 말은 못 하지만, 밤에 자다가 이불을 걷어찰 만큼 괴로운 게 사실입니다.

그런 마음을 내려놓고 조금 모자라게 살아보는 것은 어떨까요? '내 그릇이 뭐 그것밖에 안 되니까.' 혹은 '많이 가져 봤자 죽을 때 가져가는 것도 아니고.'라며 마음 편히 생각해도 좋습니다. 뭔가를 채우려면 일단 비워야 하고, 평소에 모자란 상태를 잘 유지해야 새로 채워도 넘치지 않습니다. 성취감, 만족감 그리고 밥을 먹고 난 다음의 포만감도 다 같은 이치입니다. 사람은 완벽한 존재가 아니라서 부족함을 느끼고, 부족함이 있기에 만족의 기쁨도 알게 되는 법입니다. 그래서 부족함을 느끼는 마음은 단점이 아니라 장점에 속합니다. 조금 모자란 듯이 살아가면서 삶의 여유를 가질 때 오히려 마음은 풍성해지는, 어쩌면 도를 닦는 기분마저 들 것 같습니다.

부족함을 즐기는 마음은 세상살이의 많은 것들과 닿아 있는 삶의 지혜입니다. 출세 지향의 삶에서 벗어나는 것도 그중 하나이지요.

· · ·

가을이 오면 나무는
정성껏 기른 잎들을 모두 버립니다.
그렇게 겨울의 추위를 견디며
새로운 꽃눈을 준비하지요.

우리나라에서는 유난히 '이등'이나 '이인자', 혹은 '킹메이커'를 낮추어 봅니다. 다들 제일 윗자리만 차지하려고 난리입니다. 하지만 킹메이커는 킹에 가려진 존재라는 사실을 넘어 세상이 잘 돌아가는 데 정말 중요한 역할을 합니다. 킹이 아니라서 오히려 장점도 많습니다. 만년 이인자이니까 일단 올라갈 곳이 있습니다. 일인자 뒤에서 일하기 때문에 하고 싶은 일을 이것저것 챙기며 살기도 수월합니다. 이등이라도 힘을 가진 일등과 함께 있으니 남들이 알아서 잘 받들어 주는 한편, 일등이 짊어져야 하는 책임감에서 보다 자유롭습니다. 겉으로 보기에는 당연히 일등이 좋지요. 하지만 그는 언젠가 내려와야 합니다. 종신이나 세습 군주가 아닌 이상, 그 아슬아슬한 자리를 사방의 눈치를 보며 지켜야 하는 심적 부담감을 무시할 수 없습니다. 스스로 내려오기란 쉽지 않고, 억지로 밀려 내려오는 경우가 많은 게 일등이 터놓고 말하지 못하는 실체의 한 단면이니까요.

삶의 만족은 내가 남긴 것들에서 오는 법입니다. 어디까지 이루었는지를 따지는 세상의 기준이 아니라, 내 마음이 딱 멈추는 곳에서 나의 바람이 이루어지는 것입니다. 그러니 많이 내려놓을수록 더 빨리, 더 큰 만족감이 들 테지요.

오늘 하루의 만족은 인생의 성공과 닮았다는 생각이 들기도 합니다. 거창하거나 세세한 계획을 세우지 않더라도 사람은 앞날을 생각하며 살 수밖에 없는 존재이지요. 내일의 걱정을 버리고 오늘 하루만 생각하며 사는 게 말처럼 쉽지는 않습니다. 더욱이 오늘 할 일을 완벽하게 하기란 인생의 성공만큼이나 어려울 것 같습니다. 그런데 이를 뒤집어 생각하면, 오늘 내가 하는 일을 온전하게 해내는 것이 성공으로 가는 가장 빠른 길이 아닐까 싶습니다. 내가 살아온 하루는 자신이 가장 잘 알테니, 그날 하루가 만족스럽고 기뻤다면 충분히 잘 살고 있다고 믿어도 좋을 것입니다.

03

내가 하고 싶은 일을 찾아서

지금까지의 삶을 돌이켜보면 내 스스로 원해서 했던 일보다 주위의 바람이나 요구를 따랐던 경우가 훨씬 많았던 것 같습니다. 어느 날 문득 그 사실을 알아차렸지요. 어려서는 주로 부모님과 학교 선생님들이 시켜서 했던 일이 많았고, 나이가 들어서는 가족이나 주변의 요구를 받아들이거나 어쩔 수 없이 따라야 하는 일이 많았습니다.

흔히들 어릴 적에는 '자라서 어른이 되면 내 마음대로 하며 살아야지.'라고 생각하지만, 실제로는 그 반대인 것 같습니다. 어릴 때는 공부 잘하고, 밥 잘 먹고, 착하게 생활하면 그만이지만, 성인이 되면 별의별 요구에 갇혀 살게 됩니다. '부모님 그늘에서 살 때가 그래도 가장 행복한 거야.'라는 말은 그래서 나오나 봅니다.

대다수 사람들은 본인 의지와는 별개로 무언가를 해야만 하는 의무감과 책임감을 갖고 살아갑니다. 공부 잘하는 순으로 내몰리게 되는 학창 시절부터 그런 압박이 시작된다고 할 수 있지요. 그렇게 살아온 탓에 세상이 원하는 좋은 결과에 목을 매며 주위 눈치만 보게 되는 시간이 차츰 많아집니다. 정작 나의 바람은 온데간데없어지고요.

한편으로는, 그처럼 남이 나에게 내주는 '숙제'를 잘하는 게 능력 있고 성공한 사람으로 보일 수도 있습니다. 남들이 원하는 이런저런 일들을 떡하니 해냄으로써 본인이 뛰어난 역량을 가진 것으로 착각하기에 딱 좋지요. 하지만 이 같은 삶은 언제가 됐든 문제가 불거지고야 맙니다. 일단 주위로부터 별의별 요구가 끊이지 않습니다. 심지어 남에게 좋은 평가를 받기 위해 내 스스로가 일을 떠맡겠다고 나서는 '자해 행위'를 일삼기도 하지요. 그 와중에 자신의 역량이 별 볼 일 없었다는 것을 깨닫거나, 남들이 나보다 훨씬 뛰어난 능력을 가졌다거나, 아니면 나의 잘난 능력을 주위에서 인정해 주지 않게 되면 순식간에 '멘붕'에 빠질 수 있습니다.

일이 이 지경이 되면서 문득 깨닫습니다. '도대체 내가 왜 이러고 사나?'라고요. 그래도 상황을 헤쳐 나갈 방법을 찾기는 어렵습니다. 우등생의 환영을 가지고 쭉 살아온 탓에 실패와 좌절에 익숙하지 않은 것입니다. 결국 마음속의 공허함과 불안을 감추고 다 이룬 척 치장하며 사는 삶으로 이어지곤 합니다. 남들의 이목과 의무감 때문에 살아가는 '보여 주기 인생'이 되는 것이지요. 자신의 삶이 영 불만이고 살아가는 즐거움이라곤 하나 없는⋯⋯.

내가 하고 싶은 일만 하며 사는 것은 분명 행복한 삶입니다. 그렇지만 그런 경우는 아주아주 드물지요. 경제적으로 풍족하게 살아도 문제는 남습니다. 내가 무엇을 좋아하는지 잘 모르는 채 살아왔으니까요. 어려서부터 다른 사람이 내준 '숙제'에 많은 시간을 빼앗기며 살았기에 주위에서 다들 바라서 선택한 삶인데도 웬걸요, 정작 본인은 만족스럽지 않습니다. 그러한 삶 중에 내 적성에 잘 맞고 돈도 잘 버는 경우라면 큰 축복을 받은 케이스이지요.

남들의 희망을 따르는 게 아닌, 본인이 원하는 일만을 하는 것에 대한 제약은 참 많습니다. 내가 원한다는 이유만으로 세상의 이목에 아랑곳하지 않고 자기가 하고 싶은 일에만 집착한다면 이기주의자나 반사회적 인간으로 매도될 테니까요. 원하는 일이 이웃과 세상에도 도움이 되어야 비로소 그 일의 명분이 생깁니다. 그럼에도 앞으로의 세상은 내가 원하는 일을 하며 사는 삶, 말하자면 하비 플래너hobby-planner를 최고의 가치로 여길 것입니다. 아무 일이나 열심히 하는 게 아닌, 내가 좋아하고 잘 할 수 있는 일을 찾아 열심히 하는 게 당연히 바람직하지요. 나의 진짜 속마음을 외면한 채 세상이라는 드넓은 바다를 정처 없이 떠돌 수는 없습니다.

문제는 내가 좋아하거나 바라는 일, 잘하는 일이 일치하지 않을 때입니다. 사실 본인이 무엇을 좋아하고 또 무엇을 잘하는지 정확하게 안다는 게 쉬운 일은 아닙니다. 해보지 않고서는 잘 모르는 일이기도 하지요. 그래서 이 경우에는 여건이 허락하는 한 다 해보는 게 나을 것 같습니다. 나중에라도 후회하지 않으려면요. 이때 세상의 시선이나 편견에 너무 휘둘릴 필요는 없습니다. 그 일들을 시도해 보는 시간이 허송세월도 아니고요. 인생 일이 년쯤 다른 일을 하며 살더라도 그 세월이 어디로 쑥 빠지거나, 삶의 돌이키지 못할 실패로 직결되는 일은 없습니다. 어디까지나 나의 삶이고, 나의 이야기로 남습니다.

살아가면서 선택의 문제는 늘 우리를 헷갈리게 합니다. 짜장면, 짬뽕의 선택 수준이 아니라 삶을 90도, 180도로 뒤바꾸는 선택이라면 더욱 신중할 수밖에 없습니다. 세상살이에 대한 지혜는 이럴 때 큰 도움이 되지만, 그런 지혜를 알려 주는 학교 수업, 교과서 따위가 있지는 않습니다. 교과서는 정보나 지식을 전달해 주는 데 그칠 뿐 스스로의 배움과 경험을 통해야만 온전히 나의 지혜가 되는 것입니다. 사람들이 다 다르고 그들을 둘러싼 환경마저 다른데, 교과서가 모두의 답이 될 수는 없는 이치이지요.

그러면 도대체 어디서 배우고 무엇을 경험해야 할까요? 저는 여기에 대한 답이 바로 세상 만물인 것 같습니다. 막연하게 들릴지 모르겠습니다만, 말 그대로입니다. 열린 마음으로 나의 삶과 주위를 돌아보면 어느 것 하나 내 선생님이 아닌 게 없습니다. 굳이 세상의 위인이나 명사, 은사가 아니더라도 함께 소통하거나 스쳐 지나는 모든 이에게서 가르침을 구할 수 있습니다. 하물며 바람과 구름, 풀 한 포기에도 세상을 살아가는 지혜가 숨어 있다고 생각합니다. '보려고 하면 보인다!'는 믿음이 있다면 말이지요.

지금의 세상은 각자의 다양성을 존중하고 중요시하는 사회로 바뀌어 가고 있습니다. 몇몇 직종이 세상을 주름잡는 시대는 거의 저물었지요. 이런 세상에서는 어쩔 수 없이 하는 '숙제'를 '내가 기꺼이 하는 공부'로 바꿀 필요가 있습니다.

본인이 잘하는 일, 장점을 빨리 찾을 수 있다면 내가 원하는 삶은 더욱 가까워질 것입니다. 사람에게는 누구나 장단점이 있습니다. 그런데 자신의 장점은 '그건 아무나 다 잘하는 거 아냐?'라고 일반화시켜 마음에서 날려 버리고 단점만 잔뜩 담아 두는 일이 잦습니다. 이러면 괜히 자신이 더 못나 보이지 않을까요? 그 반대로 단점을 버리고 장점을 마음에 담아 보기 바랍니다. 지나치면 오만방자하고 안하무인인 인간으로 비칠 수도 있지만, 자신감을 갖고 노력한다면 단점이 서서히 가려지고 장점은 더욱 돋보이게 될 것입니다.

생각해 보면 저 역시 단점이 참 많은 사람입니다. 성격이 급해 늘 서두르면서 짜증도 잘 내고, 이따금 간이 배 밖으로 나와 집 안팎에서 걸핏하면 참견하고 딴지를 겁니다. 회의 시간에 집중하지 않고 스마트폰으로 딴짓도 많이 하고, 온갖 잡다한 것에 관심이 많아서 엉뚱한 행동을 하기도 합니다. 주의가 산만한 이런 행동들이 삶의 다양성을 찾는 데 도움이 되곤 하지만, 사람들을 열받게 하고 혼동을 주는 것도 사실입니다. 그런데 솔직히 말하자면 이 같은 단점을 적극적으로 고치려고 노력하지는 않습니다. 제 나이가 되면 고집과 타성이 생겨 고치고 싶어도 막상 잘 안 되기도 하고요. 그럴 바에야 단점은 단점대로 안고 살면서, 장점을 더 키우며 사는 게 나을 테지요.

내가 좋아하는 일을 찾아서 잘할 수 있으려면, 그 전에 마음에 새겨야 할 덕목이 있습니다. 먼저, 남이 나보다 잘하는 것을 쿨하게 인정해야 합니다. 남을 칭찬할 일이 있으면 칭찬을 아끼지 않는 게 좋습니다. 그래야 내가 무언가를 잘했을 때 남들에게 칭찬받습니다. 칭찬에 돈이 드는 것도 아닌 데다가, 땅을 산 사촌 때문에 배가 아프면 배 아픈 나만 손해이지요. 그다음으로는 포기할 줄 알아야 합니다. 내 길, 나의 것이 아니라면 그냥 먼 산 보듯이 흘려보내면 그만입니다. 세상의 많고 많은 일들을 어떻게 다 잘하겠어요. 내가 잘하는 일만 더욱 잘해도 충분히 인정받고 존중받는 세상입니다. 이는 앞에서 언급한 마음을 내려놓는 삶과도 일맥상통합니다.

진로 선택과 관련해서 제가 학생들에게 이따금 꺼내는 이야기가 있습니다.

"지금 자네들이 어떤 처지에 있건 원하는 길을 찾아서 가게나."

때로는 학과에서 금기시하고 있는 전공 변경조차 개의치 않겠다는 식으로 조언하는 것은 다른 선생님들로부터 엄청난 비판을 받을지도 모르겠습니다. 하지만 제가 확신하는 것은, 사람은 자신이 원하는 일을 해야만 그것을 즐길 수 있고, 그 일에 몰입해 결과를 만들 수 있고, 그 결과를 토대로 안정된 삶을 얻을 수 있다는 사실입니다. 본인의 적성에 대해 잘 모르는 상태에서 여러 일들을 경험 삼아 해보는 중에 자신이 좋아하는 일과 마주칠 수도 있겠지요. 그런데 어디 세상살이가 그렇게 술술 풀리던가요? 대개의 경우는 내가 진정으로 원하는 것을 찾기까지 많은 노고와 인내가 필요합니다.

자신이 원하는 길 위에서 살고자 한다면, 그리고 나의 숨은 적성을 찾아냈다면 주위 눈치를 보며 마냥 미룰 일이 아닙니다. 일단 목표와 방향을 정했으면 되도록 빨리 실천하는 게 낫고요. 그래서 '내가 원하는 길'에 관해 으레 덧붙이는 이야기가 또 있습니다.

"자네들이 내 나이가 될 때쯤에 안정적으로 살기를 바란다면 대학 졸업 후에는 가급적 한 가지 삶에 몰입해야 해."

주위에서 안정적인 삶을 누리는 사람들을 보면 자영업을 하든 직장을 다니든 다들 한 우물을 쭉 파온 경우가 압도적으로 많기 때문입니다. 예컨대 학교를 졸업하고 5년 동안 일반 회사에 다니다가 동물 병원을 차리기로 마음먹은 한 지인은 5년 후배들과 처음부터 경쟁해야 했습니다. 지인의 동기들은 이미 한참이나 앞서 개업해 나름의 기반을 다졌고, 경험을 쌓았으며, 기술 숙련도와 전문성을 높일 수 있었습니다. 새로운 길로 들어서기 전에 회사를 다닌 경험이 아예 무용지물은 아니었지만, 그리 큰 도움까지는 되지 않았습니다. 한자리에 머물며 한 가지 일에만 최선을 다해온 사람이, 열심히 살았지만 여러 곳을 전전한 사람보다 안정적이고 성공적인 삶을 사는 것은 어찌 보면 당연한 이치입니다.

앞의 경우와는 정반대의 이야기인데, 내가 원하는 길을 찾기 위해 보낸 시간이 결코 헛되지만은 않습니다. 저는 여러 이유로 대학원 졸업이 일반적인 경우보다 3년쯤 늦었습니다. '부선망 독자'로서 방위병으로 근무하는 데 1년, 대학 졸업 후 취업과 대학원 입학 준비에 1년, 여기에 대학원 입학 후 학위 도중에 외국 대학에서 다시 학위를 시작하는 통에 또 1년이 늦어졌습니다. 결국 이 기간만큼 학위 취득 과정이 뒤로 수평 이동하게 되었지요. 그렇게 대학 입학부터 박사 학위 취득까지 12년 정도 걸렸는데, 도중 3년의 시간이 아깝다는 생각은 전혀 들지 않습니다. 오히려 제 인생 스토리를 알차게 해준 소중한 시간이었다는 사실을 나이가 들면서 알게 되었습니다. 그 3년의 기간 동안 다양한 생각과 경험을 하였고, 각양각색의 사람들을 만났으며, 그 시절의 세상과 시간이 알려 주는 가르침을 마주할 수 있었으니까요.

한 우물을 파는 것이 인생의 성공을 위해 가장 나은 선택이기는 하지만, 여러 곳을 전전하며 얻게 된 경험을 잘만 활용하면 보다 물맛 좋고 수량이 풍부한 우물을 찾을 수도 있습니다. 이 역시 나름 의미 있는 삶의 선택이지요. 결국 지금의 길 이전에 다른 곳에서 보낸 시간은 허송세월일 수도, 아니면 인생의 커다란 선물이 될 수도 있습니다. 그것을 정하는 것은 내게 달렸겠지만, 적어도 지금 내가 하는 일에 만족해야 지난날의 시간도 다행스러운 기억으로 남을 것입니다.

삶과 성공의 방식에는 딱 부러진 정답이 있는 게 아닙니다. 이십 대에는 정답처럼 보이던 게 사십 대가 되니까 그 정반대가 정답처럼 보이는 경우도 있고, 다른 사람에게는 정답인 것이 내게는 틀려도 한참 틀리는 일도 있습니다. 이처럼 불확실한 게 사람의 삶이지만, 신기하게도 행복과 불행이 묘하게 균형점을 찾아가는 삶이 많다는 데에 놀라곤 합니다. 사람들은 누구나 행복을 바라고 불행을 피하고자 노력합니다. 당연히 행복의 총합은 계속 늘어나고, 불행의 총합은 계속 줄어야 할 텐데, 행복과 불행의 양이 엇비슷해지는 것입니다.

고등학교 화학 시간에 배우는 질량 보존의 법칙이란 게 있습니다. '화학 반응 전후 물질의 질량은 같다.'라는 법칙이지요. 문득 '어, 우리 삶을 이해하는 데는 이게 그럴듯한데.'라는 생각이 들었습니다. 삶을 흔드는 요소를 행복과 불행, 아니면 기쁨과 슬픔처럼 둘로 나누었을 때 그 양의 총합은 세월이 흐르면서 웬만큼 비슷해지는 것 같습니다. 극단적인 예로서, 명예가 넘치면 돈이 모자라고, 돈이 넘치면 명예가 아쉬워지는 식입니다. 돈과 명예가 둘 다 넘치는가 싶더니 건강에 탈이 나서 어렵게 얻은 돈과 명예가 다 허망해지기도 하고요.

행복과 불행이 뒤죽박죽인 것 같아도 삶을 오랜 세월 위에 올려놓고 보면 '행복과 불행 보존의 법칙'이 정말 성립하는 게 아닐까 싶습니다. 그래서 기쁨의 시간이 계속되면 슬픔의 시간을 준비해야 하고, 슬픔을 오래 겪었으면 이제 곧 기쁨이 다가온다는 희망을 가져도 좋을 것 같습니다. 그 와중에 내가 살아온 시간은 어떤 경우든 나름 소중한 의미가 있다는 사실을 헤아렸으면 좋겠습니다.

04

지금 있는 자리에서

공부가 주특기인 아이들이 우글대는 초등 학교에 갑작스레 전학 갔을 때, 그리고 '찍기 신공'에 힘입어 대학에 들 어온 때를 잇는 저의 세 번째 인생 터닝 포인트는 대학을 졸업하고 직 장을 잡을 때였습니다. 다들 이 시기에 삶이 크게 갈리는 경우가 많을 것입니다.

1980년에 시작된 졸업 정원제와 그 시절의 세상 고민 덕분에 저의 대학 4년은 내내 학적 유지를 위한 생존 투쟁에 가까웠습니다. 살아남 기 위해 공부를 하는 것에 지쳤던 탓일까요, 졸업반이 되니까 공부는 졸업장을 위한 도구이자 짐일 뿐이라는 생각이 가득했습니다. 당연히 대학원에 진학해 계속 공부하기보다는 빨리 취업해서 쓸데없는 짐을 벗어 버리는 게 당면 목표가 되었습니다.

그런데 공부를 그렇게 싫어하면서도 제가 취업을 위해 지원한 분야는 일반 부서가 아닌 늘 연구개발 쪽이었습니다. 왜 그랬을까요? 오래된 일이라 가물가물하기는 한데, 연구에 대한 막연한 기대에 더해 일찍 돌아가신 아버지의 영향, 그리고 어린 시절의 공부에 대한 열등감 때문이 아니었을까 싶습니다.

첫 입사 지원은 어느 대기업 제약 회사의 연구개발직이었습니다. 보기 좋게 떨어졌지요. 떨어진 이유는 영어 점수 때문이었습니다. 당시에는 명문 대학 간판만으로도 다들 무난히 입사하곤 했는데, 제 영어 점수가 100점 기준으로 절반에도 못 미쳤던 것 같습니다. 오죽했으면 저를 면접한 회사 간부가 따로 부르더니 점수를 보여 주면서 한 말이 지금도 생생합니다.

"이 점수로 연구개발을 할 수 있다고 생각하세요?"

합격 여부를 떠나서 저는 너무도 창피해 회사에서 도망치듯 나오고 말았습니다. 그런 우여곡절 끝에 다른 회사에 입사는 하게 되었습니다. 유가공 회사였는데, 제가 원했던 연구소가 아니라 생산 부서로 배치되었습니다. 윗사람들이 보기에 아무래도 연구원으로서의 자질이 부족했던 모양입니다.

생산 라인에 갓 들어온 풋내기 팀장으로서 제 주된 업무는 우유(원유)를 검사하는 일이었습니다. 매일 새벽 5시에 출근해 여러 목장에서 실어온 원유를 검사하거나, 아니면 대형 탱크로리를 타고 목장을 방문해 현장에서 검사하곤 했습니다. 제가 팀장을 맡은 현장 부서의 근로자는 모두 서른두 명이었는데, 대부분 저보다 나이가 많았습니다. 그들과 한

솥밥을 먹으며 열심히 일했고 때로는 낮술도 함께 하며 잘 지내기는 했어도, 당시에는 그 생활이 너무 싫었습니다. 오만하기 짝이 없는 이야기이지만, 명색이 일류 대학을 졸업했는데 현장에서 그리고 공장에서 근로자들과 함께 일한다는 게 제 자존심에 상처를 주었던 것입니다. 그나마 매일 회사에서 벗어나 현장에 나가 일한다는 것에 마음이 후련했고, 모두들 잘 대해 주신 덕분에 사람에게서 오는 스트레스는 전혀 없었습니다.

하지만 결국 그 상황을 견디지 못하고 저는 3개월 만에 사직서를 냈습니다. 직접적인 계기는 졸업식 날에 있었습니다. 일찍 취업해 회사 일이 바빴던 데다가 그즈음에 지금의 아내가 된 여친과 데이트하느라 친구들은 한동안 잊고 지내던 터였습니다. 그러다 졸업식 때 친구들을 만나서 밤늦도록 술을 마셨는데, 친구들 중 반 이상은 대학원에 진학했다는 사실을 알았습니다. 자연스럽게 처음 들어간 연구실 이야기며 신진 연구자로서의 해프닝 등이 화제가 되었지요.

그날 이후 저는 며칠간 회사를 결근했습니다. 제가 가지 못했던, 진지하게 생각조차 않았던 연구의 길에 대한 마음의 병이 졸업식 날에 확 돋았던 모양입니다. 공부에는 일찌감치 손을 뗐는데도 왜 연구의 길에 미련이 남았는지는 잘 모르겠습니다. 당장의 안정된 생활이 보장되는 직장인의 삶이었는데, 적성에 맞는지 안 맞는지, 그리고 내가 잘 해낼 수 있을지조차 막연한 연구자의 길…….

그렇게 고민을 이어 가다가 한 달쯤 후에 사표를 냈습니다. 그간 잘 대해 주신 분들에게 죄를 짓는 기분이 들었고 주위에서 말리기도 했지만, 어디 죽으러 가는 것도 아니니 그냥 눈을 딱 감았습니다. 회사를 그만두는 데 성공(?)한 저는 이민 가방에 옷가지를 챙겨서 난생처음 집에서 벗어나게 됩니다. 군대 시절의 중대장님이 전역해서 하숙하던 방에 얹혀살기로 한 것입니다. 이때부터 6개월 동안 동네 독서실에서 죽자사자 영어만 공부했습니다. 제 점수로 연구개발을 할 수 있겠느냐는 제약 회사 간부의 말이 참말이든 아니든 그것부터 극복하고 싶었나 봅니다. 고시생들처럼 영어만 파던 기간이 끝난 다음에는 바닥 수준이었던 전공 공부에 온종일 매달렸습니다. 서너 시간 잠자는 외에는 거의 공부만 했으니까 제 인생에서 가장 공부를 많이 했던 시기였습니다. 그러고 나서 대학원 시험에 끝내 붙을 수 있었습니다.

지금 돌이켜보면 짧은 기간이나마 회사를 다닌 경험은 제 삶에 큰 플러스가 되었습니다. 각자가 맡은 자리에서 서로를 도와가며 일하는 사람들의 진솔한 모습을 보았고, 생판 모르는 사람에게 다가갈 수 있는 사회성도 배웠습니다. 한번은 밤늦게 탄 택시에서 기사님과 갑자기 친해져 동대문 시장에 차를 세워 두고 포장마차에서 소주를 마시며 군사 정부를 신나게 까던 일도 있었지요. 태어나서 처음으로 사회생활을 하며 제 자신의 '꼬락서니'에 대해 진지하게 돌아보는 기회가 된 시절이었습니다.

젊은 시절의 제 모습은 자존심의 상처, 다시 말해 열등감이 그릇된 피해 의식으로 이어졌던 것 같습니다. 그러다 보니 열등감을 극복하고자 하는 경쟁심, 남들에 비해 많이 부족하다는 생각 자체가 동기 부여가 되어 제 삶의 인프라를 채우게 되었습니다.

지금의 저를 있게 한 건 졸업식 날 밤 친구들과의 술자리였을까요? 아니면 저를 떨어뜨리신 제약 회사 면접관님의 한마디 덕분? 글쎄요, 지금 있는 자리에서 더 나아지겠다는 바람이 가장 큰 영향을 미치지 않았을까 싶습니다. 뭐가 됐든 저는 당시의 변화를 '우연'이 준 삶의 선물이라고 믿고 있습니다. 세상과 부대끼면서 앞날을 헤쳐 나갈 고민을 쌓는 법을 배웠고, 주어진 현실을 딛고 일어서는 지혜도 조금이나마 구할 수 있었던 것 같습니다.

이제껏 살아온 저의 삶이나 주변을 보면 살면서 한두 번쯤 크게 흔들려도 좋다는, 아니 흔들릴 필요가 있다는 생각이 듭니다. 땅에 틈이 있어야 새싹이 떡잎을 세상으로 내밀 수 있듯이, 흔들리면서 예전의 내가 거듭나는 계기가 되는 것 같습니다. 곰곰이 생각해 보면 변화가 없는 안정된 삶은 발전이 더딘 것은 둘째치고 별 재미도 없을 것 같습니다. 그렇기에 일상과는 다른 삶을 찾고자 자꾸 주위를 두리번거리기도 하는 게 아닐까요.

단지, 흔들리는 삶을 멈춰서 제자리로 돌리는 일은 절대 공짜가 아니라서 그만한 대가를 치러야 합니다. 젊은 시절의 저의 방황도 3년의 시간을 치른 끝에 소중한 경험으로 되돌려받았다고 생각합니다. 가장 이상적인 것은 몇 년쯤 마음고생, 몸 고생하며 한 우물을 팠더니 물이 콸콸 쏟아져 나와 가족 모두가 흡족하게 마시고 주변에도 아낌없이 나눌 수 있는 삶이겠지요. 그런데 만약 그렇게 고생하며 우물을 팠는데 물이 나오는 게 시원치 않으면요? 한동안 낙담할 수는 있어도 다시 파야 합니다. 맨 처음부터…….

　사람의 인생을 한 단계 크게 업그레이드하려면 10년에서 15년 정도가 걸린다고 합니다. 제 삶에 대입해 봐도 아예 터무니없는 말은 아닌 것 같습니다. 다만 저의 경우는 신분이나 지위의 문제가 아닌 삶의 완성도 측면에서 업그레이드 완료까지는 아직 멀었고 여전히 새로운 길, 적어도 더 다듬어진 길을 찾아야 한다는 생각을 하고 있습니다. 어떤 변화가 닥쳐올지, 또 그때 제가 어떤 결정을 내릴지 모르겠지만, 또 다시 흔들리는 일이 있더라도 담담하게 그 변화를 맞을 각오는 되어 있습니다.

　인생 업그레이드에는 스펙 만들기 같은 노력이 포함됩니다. 새로운 경력과 학력을 갖추는, 소위 경력 세탁, 학력 세탁으로도 일컬어지지요. 여기에 필요한 시간은 학력 세탁이라면 짧게는 3년, 길면 10년 가까이 걸리지 않을까 싶습니다. 그런데 인생의 큰 변화를 완성하려면 '세탁' 후에도 계속 관리가 필요합니다. 업그레이드를 위한 오랜 시간과 몰입의 노력이 뒤따라야 하는 것입니다.

　학력, 경력 세탁을 위해 국내외 유명 대학원에 진학하는 학생들을 자주 봅니다. 순수하게 학문 탐구가 목적인 학생들도 많아서 세탁이라는 단어를 언급하는 자체가 많이 미안하기는 한데, 우리 사회에서 그런 작업이 현실적으로 필요하고 대학 간 문호를 여는 도구로도 쓰일 수 있는 만큼 저는 부정적으로만 보지는 않습니다. 양극화가 갈수록 심해지고 앞날이 불확실한 세상에서 젊은 친구들에게는 더더욱 필요한 사다리이니까요. 문제는 세탁의 과정과 이후 관리입니다. 저의 제자들에게도 당부 당부 신신당부를 합니다.

"경력 세탁 자체는 그리 어렵지 않은 세상이지만, 그 자체만을 목적으로 해서는 절대 안 돼."

쉽게 말해 빨래를 한답시고 좋은 세탁기를 사는 데 그쳐서는 안 된다는 이야기입니다. 좋은 세제를 써서 올바른 작동법으로 깔끔하게 세탁한 후에, 꾸김 없이 건조하고, 필요하다면 다림질까지 잘해서 예쁘게 입고 다녀야 비로소 비싼 돈 주고 '성능 좋은 신형 세탁기'를 산 의미가 있지 않을까요?

애써 새로운 길에 들어와서 받는 학위나 커리어인 만큼 그에 걸맞은 자질을 갖추는 건 기본이고, 세탁이 끝난 후에도 힘들게 일군 능력을 잘 활용해야겠지요. 그러지 않으면 적지 않은 시간과 비용을 들인 '세탁'이 단순한 스펙 만들기로 전락할 것입니다. 스펙은 외형을 꾸미는 데 도움을 주지만 딱 거기까지입니다. 내면의 역량이 받쳐 주지 않는 한 그 사람의 가치는 결국 알몸을 드러내고 말 것입니다.

예전에 제게 이런 말씀을 해주신 선배 교수님이 계십니다.

"지식인이 되려면 세상에 널려 있는 정보를 찾아서 머릿속에 잘 정리해야지. 그런데 지식인이 지혜를 얻으려면 정보를 아무리 많이 쌓아도 안 돼. 지식인이 지혜롭기 위해서는 늙어야만 해!"

온갖 기쁨과 슬픔이 교차하는, 그러면서도 피할 수 없는 세월을 즐기며 그 속에서 지혜를 구해야 한다는 가르침일까요? 세상의 오만 가지 일에 스스로 몸을 부딪침으로써 살아가는 이치를 이해할 수 있다는 뜻으로도 들립니다.

사실 그렇지요. 백문이 불여일견이며 '말은 해야 맛이고 고기는 씹어야 맛이다.'인 것입니다. 아는 것을 넘어 세상에의 도전과 회한, 몰입이 우리에게 새로운 삶을 열어 주고 깨달음도 줍니다.

05

세상살이 불변의 법칙

 세상은 복잡한 듯하면서도 단순합니다. 세상이 복잡한 것은 수많은 사람들의 수없이 다양한 생각과 행위 때문입니다. 사람들은 각각의 사안에 대해 자기만의 해석을 하고 그에 따라 반응합니다. 우리 몸에 존재하는 엄청난 수의 유전자가 만드는 조합이 사람마다 무한대의 특성과 기능, 그리고 반응을 만드는 것이지요. 이로써 별의별 생각, 별의별 행동을 다 합니다.

그럼에도 '사람은 다 거기서 거기'라는 말이 나오는 것은 왜일까요? 이는 사회화 과정의 영향입니다. 어려서부터 부모님께 받은 교육과 가족 분위기, 학교 교육, 또래 친구들과의 소통 등에서 익힌 것들이 뒤섞여 보편적인 생각과 행동을 이끌어내는 것입니다.

복잡한 세상을 간명하게 접근하다 보면 자칫 이분법적 사고에 빠지기 쉽습니다. 만사를 좋은 사람과 나쁜 사람, 성공과 실패, 배움과 가르침, 선과 악 등으로 쉽게 나누는 것이지요. 당연하게도 세상일은 이렇게 둘로 딱 떨어지는 일이 거의 없습니다. 아무리 단순해 보이는 사실도 조금만 깊이 들어가 동기나 이유를 따져 보거나 윤리학, 사회학 등의 잣대를 들이대면 사안의 판단이 복잡해집니다. 나쁜 짓을 했다고 주위에 꼭 나쁜 영향만 미치는 것도 아니고, 좋은 사람이었다고 해도 훗날에 좋게 평가받지 못할 수 있습니다. 심지어 누군가의 천인공노할 죄도 '이렇게 살면 안 된다.'라는 도덕적 가치 기준을 만들어주곤 합니다. 선한 의도로 행동했지만 그 일 때문에 욕먹는 일도 적지 않을 것이고, 어느 나라에서는 영웅이지만 상대편 나라에서는 테러리스트, 혹은 살인자로 평가받는 일도 없지 않습니다. 이렇듯 세상일 대다수는 절대적인 평가를 내리기 어렵습니다.

어떨 때는 양극단이 서로 맞닿아 있기도 합니다. 보통 사람들이 그냥 지나치는 생각에서 획기적인 아이디어를 떠올리는 이들을 우리는 '창의적'이라고 평가합니다. 한편, 일반인들이 엄두도 내지 못할 나쁜 짓을 일삼는 사람은 '악인'으로 분류하지요. 창의적인 사람은 참 대단합니다. 그는 통념이나 경험에 얽매이지 않음으로써 무에서 유를 창조해냅니다. 소름 끼치는 악인 역시 황당하지만 '대단하기는' 마찬가지입니다. 그는 사람들이 절대 하지 않을 악행을 실행에 옮기는 대담함을 지녔으니까요. 남들이 도저히 못 하거나 안 하는 일을 했다는 측면에서 극과 극은 서로 통한다고 볼 수 있습니다.

세상은 우리 눈에 보이는 게 전부는 아닐 것입니다. 2차원에서 활개

치며 왔다 갔다 하는 생명체를 3차원에서 본다면 그냥 선 위를 쏘다니는 물체로 보일 것입니다. 마찬가지로 3차원의 우리를 4차원의 외계인이 본다면 공간에 갇혀서 살아가는 존재로 보이겠지요. 어쩌면 신은 우리보다 훨씬 높은 차원에서 내려다보며 우리를 진리로 이끌어 주는 존재인지도 모르겠습니다.

복잡하고 따져볼 게 많은 세상인데, 거의 대다수 진리마저도 상대적 가치를 지닙니다. 내게 맞는 말이 상대에게는 맞지 않을 수 있습니다. 모두 나 또는 우리를 전제로 한 관계 위에서 상대적 의미를 지니는 것이지요. 그러면서 선입견이 위력을 발휘합니다. 남들이 뭐라고 하건 말건 내가 그렇게 믿으면 그게 진실이 되어 버립니다.

한때 '머피의 법칙' 신봉자가 된 적이 있습니다. 평소에 주변의 잡다한 '사건 사고'를 그냥 그런가 보다며 받아들이는 편인데, 제가 선택한 것들은 꼭 결말이 좋지 않았습니다. 운이 좋고 나쁘고는 확률적으로 반반이어야 할 텐데, 운이 나쁜 경우가 훨~씬 많았던 것이지요. 특히 터미널이나 공항, 슈퍼 등에서 줄을 설 때처럼 자유 선택의 기회가 왔을 때 이 현상은 더욱 두드러졌습니다. 외국 출장길에 중간 기착지인 미국에 입국할 때 가장 짧아서 잽싸게 선택한 줄이 멀쩡했던 컴퓨터가 갑자기 다운되는 바람에 제일 늦어지게 되었지요. 돌아오는 항공편에서는 좌석이 업그레이드되어 운이 좋다고 여겼는데, 하필이면 공항 노조가 파업하는 통에 모두 날아갔습니다. 반면 제 의지가 아니라 남들을 따라가면 희한하게도 일 처리가 아주 신속하고 만사형통일 때도 있었습니다. 늘 운이 나쁘다고만 여겼는데 뜻밖에 좋은 결말로 이어지기도 하고, 손해를 보았다고 생각한 게 의외로 좋은 결과로 이어지는 일도 더러 있었던 것 같습니다. 입국 심사 줄이 너무 길어서 제시간을 놓쳐 버스를 탔는데, 앞에 출발한 버스가 고장 나서 결국 목적지에 더 빨리 도착한 경우도 있었지요. 이처럼 우연히 좋은 일이 생기거나 나쁜 일이 전화위복이 되는 '샐리의 법칙'도 있기는 한 모양입니다.

머피의 법칙이든 샐리의 법칙이든 좋은 일과 나쁜 일이 연이어 일어나는 것은 내 눈과 마음에 그렇게 비칠 뿐이거나, 어느 한 시기만 놓고 봤기 때문일 것입니다. 이는 선입견이나 고정관념이 만들어지는 이유이기도 합니다. 우리의 삶을 냉철하게 판단하면 세상일이란 의외로 단순할지도 모릅니다. 떨어질 때까지 떨어지면 이제 곧 올라갈 것이고, 꼭대기에 도달하면 내려갈 일만 남는 게 삶의 순리이지요. 저는 이것을 '세상살이의 제1법칙'이라고 믿습니다. 해와 달이 뜨고 지듯이 우리의 세상살이는 롤러코스터와 같습니다. 보편적인 삶에서 끝없이 성공하거나 실패만 하는 경우는 거의 없습니다. 지금 잘나간다고, 돈이 많다고, 잘났다고 뻐기다가 결국은 일찍 죽거나 험한 꼴을 당하는 사람을 여태 숱하게 보았습니다.

뭔가를 잃어버렸다는 것은 다시 뭔가를 얻을 여지가 생겼다는 신호입니다. 내 품이 비었기 때문에 다시 채울 공간이 생기는 것이지요. 돈을 많이 벌었다는 것은 그만큼 많이 쓸 일이 생긴다는 의미이고, 생각을 많이 한다는 것은 이제 곧 생각을 멈추고 움직일 때가 되었다는 뜻으로 받아들여야 할 것 같습니다. 이것이 제가 겪은, 대다수 사람들이 피해 가지 못하는 세상의 섭리였습니다. 그러니 당장은 죽을 만큼 힘이

들고 앞이 깜깜해 보여도 내 처지를 마냥 한탄할 필요는 없습니다. 어느 한때에 일이 원하는 대로 이루어지지 않았더라도 세상이 끝끝내 나를 놔두지는 않을 테니까요. 행여 세상의 쓴맛을 덜 본 사람의 여유나 오만으로 비칠지 모르겠습니다만, 냉혹한 현실을 긍정적으로 본다고 해서 딱히 해가 되지는 않을 것입니다. 지금 나를 괴롭히는 불행에 절망하지 않듯이 당장의 행복이 계속되리라는 자만도 갖지 말아야 하겠지요. 행복을 만끽하되 언제 닥칠지 모를 내리막길을 준비하고 힘을 비축해 두는 지혜가 필요합니다.

머피의 법칙을 신봉하던 시절에는 '세상에 순응하라.'는 게 무슨 소리인가 싶었는데, 곰곰이 생각하면 인류 수천 년의 지혜가 함축된 가르침이 아닌가 싶습니다. 마치 나무가 바람이 불면 바람이 부는 대로, 비가 내리면 비가 내리는 대로 땅속 깊이 뿌리를 내린 채 성장을 이어 가듯이 말이지요. 세상에 순응하면 사소한 일에 일희일비하지 않으니 잡다한 스트레스에서 벗어날 수도 있습니다. 허무주의에 빠지는 것과는 다르지요. 오히려 세상을 있는 그대로 누리는 나를 발견하는 계기가 될지도 모릅니다. 그러고 보면 내가 이렇게 숨 쉬고, 생각하고, 나돌아다니는 게 얼마나 고마운 일인가요!

행복과 불행이 나의 의지와는 상관없이 되풀이되는 거라면 굳이 기를 쓰고 열심히 살 필요도 없을까요? 당연히 아닙니다. 아무것도 하지 않으면 아무 일도 일어나지 않는 게 아니라, 당장 먹고사는 일부터 고달파집니다. 주어진 상황에서 최선이라고 여겨지는 뭐라도 해야 합니

오르막길이 있으면 내리막길도 있지요.
즐거웠다가 오싹했다가, 기뻤다가 슬펐다가……
그러고 나서 미소를 머금습니다.

다. '인생에 내리막길이 있으면 오르막길도 있다.'는 게 세상살이의 제 1법칙이라면 '노력하는 사람에게 더 많은 기회가 온다.'를 세상살이의 제 2법칙이라고 하겠습니다.

노력하는 사람에게 더 많은 기회가 주어지는 것은 참으로 공평하고, 어쩌면 민주적이고, 그래서 다행이라는 생각이 듭니다. 아무 노력도 없이 많은 기회를 얻는 이른바 '금수저'들도 있겠습니다만, '질량 보존의 법칙'에 따르면 노력 없이 많은 것을 얻는 이들은 결국 본인의 삶에서 그 무언가의 대가를 치러야 합니다.

삶의 성취를 위해 노력이 중요하기는 해도, 이를 악물고 오로지 앞만 바라보며 뛰어가는 삶이라면 다른 많은 것들을 놓칠 것입니다. 무엇이 더 소중하고 중요한지는 각자가 판단할 일이지만, 제 경험상 무슨 일이든 극단에 치우치면 꼭 탈이 나는 것 같습니다. 웬만큼 높이 올라갔으면 내려와야 하고, 여러 마리의 토끼를 잡으려 하기보다는 한 마리라도 확실하게 잡는 게 현명한 세상살이가 아닐까 싶습니다.

어렸을 때 중창 대회에 참가한 적이 있었습니다. 친하게 지내고 싶은 아이들이 드림팀(?)을 만들었는데, 거기에 끼었지요. 학교에서 별 볼일 없이 지내던 저는 뭔가 하나라도 잘해 보고 싶은 마음에 열심히 연습했습니다. 그랬더니 점점 실력이 나아지고, 그런 제 자신에 감동해서는 중창 대회 며칠 전 소풍에서 산꼭대기에 올라 소리를 지르며 발성 연습에 매진했습니다. 그렇게 열심히 '노력한' 덕분인지, 아니면 소풍 가서 너무 놀아서인지 그만 목이 쉬어 버렸습니다. 중창 대회는? 저 때문에 그냥 망했습니다. 목소리가 안 나오는데요.

과유불급의 의미를 잊지 말아야겠습니다. 정도가 지나치면 많은 것들을 망칠 수 있습니다. 운동이든 조직 생활이든 투자든 적당한 선에서 멈출 수 있어야 합니다. 사람의 욕심은 끝이 없으니 적당한 선을 지킨다는 게 쉽지는 않겠지요. 굳이 비유하자면, 배가 고프면 일단 막 먹어야겠지만 '이만하면 끼니는 때웠으니까.' 하는 정도에서 수저를 내려놓아야 결과적으로 많은 것들이 좋아질 것 같습니다. 살도 안 찌고 식비도 아끼고 등등이요.

세상의 순리를 따르며 내 일을 묵묵히 해나간다면 머피의 법칙 같은 선입견은 딱히 신경 쓰지 않아도 될 것입니다. 복잡한 세상을 열린 마음으로 보면 재미있는 일들도 자주 눈에 들어올 테니, 거기에서 소소한 행복을 느끼며 사는 거지요. 저 역시 평소에 조금이라도 그렇게 살고자 노력하고 있습니다. 제가 서있는 줄이 빨리 줄지 않아도 '오늘은 잘못 찍었군.'이라고 여기며 그냥 사람 구경이나 하면서요.

06

다 잘할 수는 없다

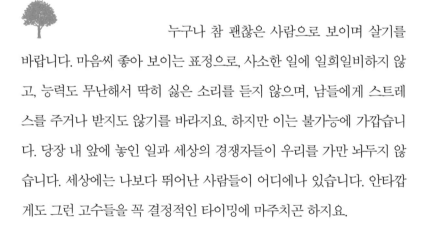

누구나 참 괜찮은 사람으로 보이며 살기를 바랍니다. 마음씨 좋아 보이는 표정으로, 사소한 일에 일희일비하지 않고, 능력도 무난해서 딱히 싫은 소리를 듣지 않으며, 남들에게 스트레스를 주거나 받지도 않기를 바라지요. 하지만 이는 불가능에 가깝습니다. 당장 내 앞에 놓인 일과 세상의 경쟁자들이 우리를 가만 놔두지 않습니다. 세상에는 나보다 뛰어난 사람들이 어디에나 있습니다. 안타깝게도 그런 고수들을 꼭 결정적인 타이밍에 마주치곤 하지요.

저의 네 번째 인생 변곡점은 한창 일 많이 하고 연구 의욕도 왕성했던 사십 대 무렵에 찾아왔습니다.

저 같은 이공계 교수들은 〈셀〉, 〈네이처〉, 〈사이언스〉처럼 세계 최고 수준의 학술지에 논문을 실어야 학자로서 탄탄한 입지를 국내외적으로 다질 수 있습니다. 그 당시 우리나라는 더했지요. 무조건 최고의 업적을 내야 살아남는 분위기였고, 논문을 많이 내는 학자에서 최고의 논문을 내는 학자를 크게 대우하는 쪽으로 평가 기준이 바뀌던 때였습니다. 연구비도 연구 업적에 비례해 받을 수 있었고요. 교수들은 다들 최고의 업적을 만들어내기 위해 어떤 짓(?)이라도 할 각오가 되어 있던 시절이었습니다.

저 역시 그 같은 분위기 속에서 불철주야 연구를 이어 갔지요. 그 와중에 지금 생각해도 대단한 일이라고 여겨지는 업적을 우리 방 대학원생들이 만들어냈습니다. 연구실은 흥분의 도가니가 되었습니다. 그래서 최고 학술지에 투고했는데⋯⋯, 장장 3년이라는 시간 동안 수정하고 떨어지고를 7번인가 반복하며 모든 노력과 열정을 바쳤으나 결국 실패했습니다. 환희와 감격의 모습에서 시작해 몇 년 내내 탈탈 털린 후 빈털터리로 마감한 꼴이 되어 버렸습니다. 이 무렵의 마음고생이 저의 네 번째 인생 변곡점이 아닐까 싶습니다. 그 논문은 다시 2년 동안 다른 학술지에 투고하고 탈락하고를 반복하며 조금 덜 유명한 학술지에 출판하는 데 성공했지만, 수없이 투고하고 떨어지는 과정에서 제게 엄청난 내상을 입혔습니다.

그런데 왜 떨어졌을까요? 우리 교실의 연구 결과에 대한 논문 심사자들의 첫 반응은 환상 그 자체였습니다. 당시에 제 연구 내용은 배아를 희생시키거나 유전자 조작을 하지 않고, 일반 세포끼리 같이 키우면서 줄기세포를 만들어낸다는 사실을 입증하는 것이었습니다. 너무나 센세이셔널한 내용이었던지라 처음 논문에 투고했을 때는 딱 두 가지 실험만 추가하라는 동료 심사peer review 결과에 저는 물론이고 우리 교실 대학원생들 모두 흥분했었지요. 그럴 만도 한 게 그 기술은 당시에 아무도 생각하지 못한 것이었습니다. 사회적으로도 배아 연구에 대한 윤리 문제로 우리나라 과학계가 큰 논란에 휩싸여 있던 때였고요.

저희는 곧바로 추가 실험을 시작해 두 건 중 한 건에서 예상된 결과를 얻었습니다. 하지만 나머지 한 건의 보충 실험에서는 하늘이 무너지는 것 같은 황당한 결과를 얻게 되었지요. 업체에 의뢰한 실험은 저희가 세운 가설을 그대로 입증하는 결과였지만, 저희 방 대학원생들의 실험에서는 학문적으로 도무지 이해가 안 되는 정반대 결과가 나왔기 때문입니다.

저의 고민은 상반된 두 개의 실험 결과 중에 어느 쪽을 선택하는가였습니다. 2주에 걸쳐 실험 과정을 검증해 봤더니 우리 연구실의 실험 절차에 비해 업체에 의뢰한 실험 과정에서 문제를 확인할 수 있었습니다. 어찌 보면 그 정도는 그냥 덮을 수도 있는 사안이라고 여겨졌지만, 다시 2주 동안 어떤 데이터를 택할지에 대해 정말 잠도 못 자며 고민에 고민을 거듭했습니다. 결국 학생들과 몇 번의 미팅을 거듭하며 논의한 끝에 우리 연구실 데이터를 택하기로 마음먹었습니다. 그래서 논문을 수정하여 제출했는데, 바로 이것이 비극(?)의 씨앗이 되었습니다. 그때부터 논문 심사를 계속하는 조건으로 추가에 추가로 실험을 해야 했습니다. 결국 3년 동안 7번을 수정하는 '희망 고문' 끝에 저를 포함한 우리 교실원들 모두 기진맥진했고, 교실의 연구비는 바닥 수준을 넘어 수

억의 빚더미에 올라앉았습니다. 더 버티다가는 '자폭 스위치'라도 눌러야 하는 상황이었지요.

마침내 최종 데이터를 정리해 일곱 번째로 투고할 때였습니다. 스트레스가 오래 이어지다 보면 사람의 정신을 오락가락하게도 만드는가 봅니다. 그간의 과정에 지칠 대로 지친 저에게 한 가지 아이디어가 떠올랐습니다. 다른 심사자들이 우리 논문을 보면 게재 승인이 좀 수월해지지 않을까, 라는 생각이었습니다. 논문의 가치와는 별개로 사람마다 평가의 관점이 다를 것이니 그 틈을 노려 심사를 통과하자는 꼼수였지요. 그래서 심사위원장에게 이메일로 심사자 교체를 정중하게 부탁하자마자, 심사위원장이 심사위원은 물론 본인이 맡았던 위원장 자리까지 다른 분에게 몽땅 넘겨 버렸습니다. 그로부터 일주일 만에 탈락 통보를 받았지요. 제가 선택한 평생 최고의 악수였습니다.

나중에 물어물어 추정하게 된 상황은 이랬습니다. 이전 심사위원들이 우리 연구실의 업적을 높이 평가해 시간이 걸리더라도 전향적으로 엄밀하게 심사 작업을 진행시켰는데, 완전히 다른 콘셉트의 심사위원으로(그것도 연구자의 요청으로) 바뀐 후에 그냥 낙방한 것입니다. 새로운 심사자들 입장에서는 일고의 가치도 없었던 것이지요.

편지 한 줄의 무게가 이렇게 클 줄이야! 예상치 못한 결과에 충격을 받으며 별별 생각이 다 들었습니다. '마지막으로 한 번만 더 참을걸.'부터 업체가 건네준 데이터를 사용할걸, 인맥을 최대한 활용해 실험 결과를 별도의 자료로 추가 설명이라도 해볼걸 등등······. 그렇게 한동안 자책하며 시무룩해져 있다가 그냥 자포자기했습니다. 마음이 떠난 사람은 붙잡지 말자는 심정이었지요. 이후에도 지난 기억이 떠오를 때면 아린 마음을 달래고자 '사람이 어떻게 모든 일을 다 잘하겠어?'라며 애써 자기합리화를 하곤 했지만, 엄청난 고통의 시간이었습니다.

그런데 이런 변명이 점점 삶의 진리처럼 느껴지기 시작했습니다.

'모든 일을 다 잘할 수는 없다.'

당연한 말인가요? 하지만 진취적인 사람일수록 모든 일을 다 잘하고자 이런저런 일에 달려듭니다. 그러다가 시도한 일들 중 상당수가 뭉개져 버립니다. 저도 마찬가지였습니다. 사십 대에 호기 있게 벌였던 많은 일들에서 잘 안 되거나 도중에 멈춰진 모습들이 하나하나 보였습니다. 참사의 핵심 원인은 '내가 모든 일을 다 잘할 수 있다.'라는 커다란 착각이었습니다. 제가 겁 없이 덤볐던 거의 모든 분야에 저보다 뛰어난 사람들이 떠억 버티고 있었으니까요. 그들의 생각과 능력은 저와는 비교할 수 없을 만큼 뛰어나 제가 못 보는 것까지 알아챌 수 있었습니다.

이런 생각을 한 다음부터 세상을 보는 눈이 조금씩 달라지기 시작했습니다. 몇 달 동안은 잠을 설쳐가며 이런저런 고민을 하다가 결국 제가 가진 것들을 하나씩 내려놓아야 한다는 결론에 이르렀습니다. 대신에 '내가 잘할 수 있는 것만 확실히 하자!'라고 마음먹게 되었지요. 쓰레기를 분리해 버리듯이 내 안의 욕심, 과한 목표 따위를 내려놓으니까 어쨌건 생각이 정돈되고 마음도 한결 편안해졌습니다. 그러면서 예전에는 보이지 않았고 보려고도 하지 않았던 것들이 하나둘 눈에 들어오

기도 해 신기하기조차 했습니다. 다른 사람들을 기꺼이 칭찬할 마음이
생기는 듯도 했고요.

사십 대 중반부터 버린다고 버리면서 사는데도 십 년이 훌쩍 지난
지금도 여전히 버릴 게 많습니다. 지금은 당연히 제가 할 수 없는 일들
을 잘하는 사람들에게 '덤비지' 않습니다. 처음 교수직에 부임했을 때
와는 완전 딴판의 제가 되어 버린 것 같습니다. 싫든 좋든 간에 적어도
인정해야 할 그들의 실력만큼은 순순히 받아들여야 하고, 칭찬할 일이
있으면 칭찬을 아끼지 말아야 한다는 단순한 사실이 제게는 인생의 큰
가르침이 되었습니다.

어떻게 보면 별것도 아닌 깨달음이 아주 뒤늦게 찾아온 듯합니다.
어느 정도 세상의 매운맛을 봐야만 알게 되는 이치라서 그런가요? '모
든 일을 다 잘할 수는 없다.'라는 마음가짐은 어려서부터 제 안에 자리
잡은 열등감을 극복하게 만든 기막힌 처방이 되었습니다. 예전에는 제
분야 언저리에서 잘나가는 사람들을 보면 배가 아프고 밤에 베개를 긁
으며 잠마저 못 이루었는데, 요즘은 그러거나 말거나 아주 편하게 숙면
을 취하고 있습니다.

계획은 어그러지기 마련이고 삶은 내가 원하는 대로 진행되지 않습
니다. 좀 더 정확히 말하면 원하는 대로 될 수도 있고, 안 될 수도 있겠
지요. 그러니까 잘할 수 있는 일에 좀 더 집중하고, 한편으로 마음을 내
려놓는 게 정신 건강에 이롭습니다. 물론 쉽지는 않을 것입니다. 게다
가 일이 잘 안 풀릴 때면 별별 생각이 다 들게 마련이니 이를 경계할 수

있어야 합니다.

아주 가깝지도 멀지도 않은 친구 하나가 지독한 우울증에 걸렸다는 소식을 들었습니다. 우연히 그 친구와 차 한잔할 기회가 있었지요. 이런저런 이야기 중에 친구는 자신이 세상에서 살아갈 자신감을 잃게 된 원인을 주위 탓으로 돌리곤 했습니다. 자기는 원래 다른 계획이 있었는데, 다른 친구를 배려하다 보니까 제 것을 못 챙겨 요 모양이 됐다고 한탄합니다. 그렇게 챙겨 주었던 친구는 바쁘다는 핑계로 한번 찾아오지도 않는답니다. 사람은 힘든 상황이 닥치면 뭐든 이유를 찾아내 원망하고 욕지거리라도 해야 아주 조금의 위안이나마 얻나 봅니다. 그 마음을 이해 못 할 바는 아닙니다. 진짜로 사람을 잘못 만난 탓일 수도 있고, 남이 잘된 데 대한 시샘으로 흉보는 것일 수도 있겠지요.

물웅덩이에 빠져 허우적거리는 상황이라면, 쉽지는 않겠지만 한시라도 빨리 웅덩이에서 나오려고 노력해야 합니다. 제가 살아가며 철석같이 믿는 게 하나 있습니다. 앞에서도 이야기한 '질량 보존의 법칙'입니다. 산이 높으면 골도 깊은 게 세상 이치이듯이 우리가 느끼는 행복과 불행의 총량은 똑같다는 믿음입니다. 괜히 꿰맞추는 말이 아니라 살아오면서 '인생 새옹지마' 같은 상황을 정말 많이 봐왔습니다.

이런 이야기를 조심스럽게 친구에게 해주었습니다. 지금은 섭섭한 마음이 가득하겠지만 불행 다음은 행복이니 네 상황은 나아질 것이고, 어느 날 '그래도 친구밖에 없네.'라는 생각이 들 거라고요. 엎친 데 덮친다는 말이 있기는 한데, 그러면서 좋아졌다 나빠졌다를 반복하는 게 세상살이가 아니냐고도 이야기했습니다. 스스로 웅덩이에서 나올 의지가 있으면 좋은 날이 찾아올 가능성은 더 높아질 거라고요.

그런데 저는 질량 보존의 법칙은 믿어도 세상이 아주 공정하고 합리적으로 돌아간다고는 생각하지 않습니다. 특히 우리 사회는 이런 가치와 더욱 거리가 멉니다. 내가 하면 로맨스, 남이 하면 불륜, 그러니까 '내로남불'은 세상 어디든 마찬가지이겠지만, 좋고 나쁘고를 떠나 지금 우리가 사는 사회에서 구조적으로 공정함을 온전히 기대하기는 조금 어려울 것 같습니다.

사람 사이의 인연과 정을 중시하는 정서 때문일까요? 공정함은 곧잘 후순위로 밀리곤 합니다. 이 같은 예는 일상의 곳곳에서 찾아볼 수 있습니다. 친한 친구가 멀리서 갑자기 찾아왔을 때 시간이 안 맞으면 업무를 미루고라도 친구를 만나러 나갑니다. 공정하고 합리적인 태도로 똘똘 뭉쳤다면 "지금은 회사 일이 바쁘니까 다음에 만나자."라고 할 텐데, 그렇게 말하는 사람은 거의 없지요. 아니면 진짜 친하게 여기는 친구가 아니거나요. 그의 상사는 또 어떨까요? 친한 친구가 멀리서 찾아왔다고 하면 특별한 상황이 아닌 한 으레 봐주십니다. '그렇게 만나고 싶으면 휴가 내고 가세요.'라고 할 상사는 없겠지요. 반대로, 공사 구분을 확실히 하느라 친구에게 "바쁘니까 다음에 보자."라고 한다면 어떤 반응이 돌아올까요? '야, 사람이 변했네.' 혹은 '그렇게 해서 얼마나 성공하는지 두고 보자!'일 것입니다. 연락도 없이 갑자기 찾아간 것 자체가 결례이지만, 그런 생각보다 섭섭함이 앞서지요.

세상이 아무리 원리 원칙과 공정함을 내세워도 그걸 비껴가는 일은 비일비재합니다. 인연과 정은 일단 인간다워 보이고 일을 풀어가는 윤

활유처럼도 쓰이니까요. 하지만 이해관계가 얽히면 그 이면에는 꼭 누군가 마음고생 하는 사람이 있게 마련입니다.

예전에 정말 열심히 준비한 연구비 신청에 떨어진 일이 있었습니다. 문제는 탈락 과정이 공정하지 않았을 수도 있다는 생각이 든다는 것이었습니다. 그 분야에서 연구하는 선생님들도 다들 안타까워하시고, 소문에도 그렇다고 했습니다. 그러면서 들려오는 이유는 갑갑한 이야기뿐입니다. 학교를 안배해야 하고, 어느 한쪽 분야로 몰아주기 위해 그랬다고도 하고…….

이런 일이 있을 때마다 힘이 쭉 빠집니다. 탈락 통보를 받은 날부터 일이 손에 안 잡히고 한숨만 푹푹 나왔습니다. 그런데 얼마 후에 불현듯 이런 생각이 들었습니다. 제가 만약 연구비를 받는 데 성공했다면 어찌 되었을까? 마찬가지로 또 많은 뒷이야기가 나왔을 것입니다. '왜 선택과 집중을 하지 않느냐?', '특정 학교에 몰아주는 거 아니냐!' 따위의 이야기가 나올 게 뻔했습니다. 세상사를 모두 자기중심으로 보는 것은 인간이라면 너무나 당연해서 내가 어떻게 하든 이분법에 휩싸이는 일이 있습니다. '좋은 사람', 혹은 '나쁜 사람'이 될 수밖에 없지요. 내가 많이 이루고 가질수록 더 그렇습니다.

이분법을 피하는 좋은 방법이 없을까요? 알고 보면 타인의 평가라는 것은 내게 무슨 억하심정이 있어서라기보다는 그냥 자기 생각을 상황에 맞게 단순화한 것일 수도 있습니다. 자신이 가지지 못한 것에 대한 섭섭함이자, 혹은 분위기를 리드하기 위해 본인과 전혀 상관없는 일들을 입에 올린 것인지도 모르고요. 저 역시 동료나 친구들과 커피를 마실 때나 술자리에서 열심히 뒷담화를 하곤 하지요. 남의 삶을 불쏘시개로 대화의 활력을 높이고 공공선을 추구하려는 의도일 수도 있겠으나, 바꿔 생각하면 저도 그 뒷담화의 예외가 될 수는 없습니다.

결국 중요한 것은, 남이 뭐라고 하든 스스로를 다독이며 묵묵히 내 일을 해나가는 태도일 것 같습니다. 다만 일을 꾸려나갈 때 꼭 지켜야 할 원칙은 있습니다. 일에 대한 명분이나 당위성이 있어야 하고, 노력의 결과가 되도록 많은 사람들에게 도움이 되는 방향이어야 합니다. 지나친 기대감, 장황한 계획 같은 것도 다 버려야 할 것 같고요.

그렇게 무게 중심을 내 안에 둔 사람들이 서로 도와가며 어울릴 수 있으면 참 바람직한 세상이 될 거라고 기대해 봅니다. 다른 사람이 아무리 잘나고 못났든, 많이 가졌든 적게 가졌든 그 때문에 내가 흔들릴 일은 아닙니다. 나는 내가 잘할 수 있는 것에만 신경 쓰면 됩니다. 그 와중에 물질적, 정신적, 시간적 여유가 되면 남을 위해 뭐든 조금씩 내놓으며 사는 거지요. 이 역시 너무 거창하게 생각하지 말고 내 주변, 내 이웃부터 돌아보면 뭐든 내어줄 게 보일 것입니다. 우리가 사는 세상은 그 같은 보통 사람들이 조금씩 힘을 보태서 이 정도로 살 만하게끔 만들어온 것 같습니다.

세상을 어떻게 살더라도 꼼짝없이 칭찬하는 사람이 반, 욕하는 사람이 반인 것 같습니다. 아주 오래전에 지금은 퇴임하신 한 선생님께서 식사 때 하신 말씀이 떠오릅니다.

"주변에서 칭찬하는 이가 하나만 있어도 그는 성실하게 살아온 거야. 둘이 있으면 인생을 성공한 것이고, 셋이라면 뭐라도 할 수 있지. 그런데 이웃 모두가 다 칭찬하면 그는 사실 나쁜 놈이야!"

남들이 하나같이 칭찬하는 사람은 계산속으로만 주위를 대하기 때문이라는 사실을 꼬집은 말씀인 듯합니다. 어떤 일을 적극적으로 추진하려면 주위 사람들과의 크고 작은 마찰은 피할 도리가 없습니다. 그만큼 다양한 이해가 얽혀 있는 세상이지요. 그러니 적당히 욕먹고 적당히 칭찬도 듣는 게 마음이 편하고, 오히려 인간적이지 않을까요?

07

아버지를 보내기 전에 알았더라면

회자정리 거자필반會者定離去者必返이라고 했
습니다. 만나는 사람은 반드시 헤어지게 되고, 떠난 사람은 반드시 돌
아오기 마련이라는 뜻이지요. 이를 만해 한용운은 〈님의 침묵〉에서 '우
리는 만날 때에 떠날 것을 염려하는 것과 같이 떠날 때에 다시 만날 것
을 믿습니다'라고도 읊었습니다. 하지만 저는 솔직히 잘 모르겠습니다.
보이는 것만을 무식하게 믿는 저 같은 사람에게는 '회자정리'까지는 이
해가 돼도 '거자필반'의 기회는 또 다른 희망 고문처럼 느껴지곤 합니
다. 한번 떠나면 영영 다시 못 올 이별이 세상에는 분명히 있으니까요.
아마 만해의 시구는 인연을 소중히 여기는 마음과 그 믿음에 관해 이야
기한 게 아닐까 싶습니다.

어렸을 때 저는 호기심 많고, 말도 많고, 늘 밝게 보이고자 애쓰는 아이였습니다. 사람들을 처음 만날 때 어색한 분위기가 싫어 혼자 열심히 떠들곤 했고, 친구를 많이 사귀고 싶어 잘 모르는 아이들에게도 먼저 친한 척했지요. 어느덧 그런 행동은 습관이 되어 나이가 든 지금도 처음 만나는 사람들에게 친절히 대하는 편입니다. 덕분에 사람들이 저를 성격이 좋다고 오해하는 일도 있습니다.

물론 저는 그렇지 않습니다. 어릴 적부터 성격이 밝고 열려 있는 듯 보이고 싶었던 것은 외로움을 감추기 위해서였습니다. 그래서일까요, 아주 친한 친구들 빼고는 제가 외아들이라는 사실도 전혀 몰랐습니다. 외톨이가 되는 것을 정말 싫어했나 봅니다. 학년이 바뀌어 친구들과 떨어지거나, 정들었던 친구가 다른 학교로 전학하거나, 아니면 제가 이사를 가는 상황을 받아들이기 어려웠습니다. 이별 포비아 때문이었는지, 어쩔 수 없이 이사한 다음에는 굳이 전에 살던 동네까지 자전거나 버스를 타고 가서 놀곤 했습니다.

이처럼 사람들의 정에 목을 매던 저였는데, 어느 날 청천벽력 같은 일이 일어나고야 말았습니다. 중학교 때 아버지를 여의게 되었습니다. 아버지는 엄하셨지만, 늘 저의 말동무였습니다. 그런 친구 같은 아버지가 속절없이 제 곁을 떠나버리신 거지요. 사춘기가 막 시작될 무렵의 일이었으니 더더욱 충격이 컸습니다. 가슴속 가장 깊은 곳까지 상실감이 스며들어 슬펐다가, 무서웠다가, 다시 공허해지기를 되풀이하곤 했습니다.

아버지가 가신 지 40여 년이 훌쩍 지났지만, 지금도 꿈속에서 아버지를 만날 때가 있습니다. 꿈속의 아버지는 어딘지 많이 아프시고, 집에서는 잘 만날 수 없고, 자주 뵙지는 못해도 회사에서 열심히 일하시는 모습으로 보이곤 합니다. 아마 생전에 그러셨던 모습이 제 마음속에 그대로 새겨져 있기 때문이겠지요. 하지만 꿈에서라도 뵐 때면 반갑고 또 반갑습니다. 하늘나라에서도 그렇게 바쁘실까, 아프지만 않으시면 좋을 텐데, 라는 생각이 간절합니다.

아버지가 돌아가시기 얼마 전에 병원에서 퇴원하시면서 저를 크게 혼내신 적이 있습니다. 그날 저는 숙제가 많았고 왠지 꼼짝도 하기 싫어 매일 가던 병원도 거른 채 집에서 빈둥대고 있었습니다. '아버지가 퇴원하시면 그때 봬도 되니까.'라는 생각에 뭉그적거리다가, 그것도 지루해 잠깐이나마 친구들을 만나러 나가던 참이었지요. 그때 아파트 복도에서 퇴원하시는 아버지와 딱 마주쳤습니다. 아버지는 대뜸 예의도 모르는 놈이라며 불같이 화를 내셨습니다. 저는 얼떨결에 잘못했다고 싹싹 빌기는 했지만, 편찮으신 아버지가 왜 그리 화를 내시는지 고개를 갸우뚱했었지요.

아버지가 돌아가시고 한참 후에, 정확히 말하면 결혼해서 아이들을 키우면서 희미해진 그때 기억이 다시 선명해졌습니다. 그럴 때마다 자책하곤 하지요. 그때는 왜 몰랐을까?, 아버지의 마음을……. 이런 생각이 들면 가슴이 먹먹해지곤 합니다.

머지않아 헤어져야 할 하나밖에 없는 아들을 얼마나 더 곁에 두고 싶으셨을까요. 조금이라도 더 마주 보고, 뭔가라도 더 주고 싶고, 무슨 이야기라도 더 해주고 싶은데, 정작 철없는 이놈은 아무 생각이 없었던 거지요. 자식 사랑은 내리사랑이라고 흔히 말하지만, 제가 아버지가 되기 전에는 전혀 몰랐습니다. 저도 나중에 나이가 들어 병들고 약해지면 자식들에게 그처럼 섭섭한 마음이 들지도 모르겠습니다. 아버지와 다른 좋았던 추억도 많은데, 유독 복도에서 저를 꾸짖던 장면이 자주 생각나는 것을 보면 저도 참 면목이 없었나 봅니다. 그래도 아버지는 다 보듬고 가셨을 테지요. 부모는 그런 존재라는 사실을 이제야 조금 알 것 같습니다. 좀 더 일찍 철이 들었으면 얼마나 좋았을까요.

세월은 되돌릴 수 없고 떠나신 분을 다시 만날 수도 없으니 마음속으로나마 죄송스럽고 한편으로는 고마운 마음을 전해야겠습니다. 그리고 먼 훗날 '거자필반'이 이루어져서 아버지가 계신 곳으로 가게 된다면 그때 다시 용서를 구하고 싶습니다.

삶은 만남과 헤어짐의 무한 반복이니 '있을 때 잘해. 떠난 다음에 울지 말고.'를 그저 유머러스한 말로 치부해서는 안 될 것 같습니다. 소중한 사람일수록 옆에 있을 때 잘해야지요. 행여 헤어질 일이 생기면 그때 역시 잘 헤어질 수 있어야 합니다.

사적 관계든 업무 때문이든 제가 만나고 헤어졌던 사람들과의 기억을 모아 보면 참 이상한 점이 보입니다. 어떤 사람과 함께 지냈던 오랜 기간과 헤어지기 전후의 짧은 시간이 거의 비슷한 무게로 제 마음속에 자리 잡고 있다는 사실입니다. 오랫동안 만남을 이어 오며 서로에 대한 신뢰를 쌓고 의기투합했던 시간이 꽤 길었을 텐데, 헤어지기 직전의 위기와 헤어질 때의 아쉬운 마음이 그전의 모든 기억들과 비슷한 크기로 마음에 새겨진 것이지요. 그만큼 헤어질 무렵의 일은 사람에게 큰 임팩트를 남기는 듯합니다.

더더욱 뜨끔한 것은 만남이 계속 이어지지 않는 한 그 사람과 헤어질 때의 모습이 주된 기억으로 쭉 남는다는 사실입니다. 몇 년을 한결같이 좋은 사람으로 비쳤어도 헤어질 때 까딱 실수하면 그때부터는 상대에게 평생 '나쁜 놈'으로 남을 수도 있다는 거지요. 그래서 감정에 치우치지 않고 깔끔하게, 되도록이면 상대를 배려하는 '헤어짐의 미학'이 필요합니다.

삶에서 만남과 헤어짐은 그 하나하나가 일종의 사건이자 이벤트입니다. 헤어짐은 되돌릴 기회가 영영 소멸할 수도 있다는 측면에서 더욱 신중해야 합니다. 부모님을 하늘로 떠나보내는 일, 연인과의 이별, 친구들과의 헤어짐, 자녀의 출가, 배우자와의 사별을 비롯해 삶에는 숱한

종류의 헤어짐이 있습니다. 누군가는 떠나고 그 빈자리를 다시 누군가가 채우면서 삶은 이어지겠지만, 사람은 떠나더라도 그 회한은 어쩔 수 없이 가슴에 오래도록 남습니다.

정말 원하지 않지만 피할 수 없는 이별 또한 있을 것입니다. 이런 헤어짐은 '피할 수 없으면 즐겨라.'는 식의 대처가 아예 불가능합니다. 아무리 신경 써도 준비할 수 없고, 언제 닥칠지 예측할 수도 없습니다. 이별 그 자체를 운명 탓으로 여기기도 쉽지 않습니다. 우리의 마음이 허락하지 않기 때문이지요. 내가 조금만 더 잘 챙겼더라면, 엉뚱한 실수만 하지 않았더라면 이별을 피하거나 적어도 마음이 이토록 아프지는 않을 텐데, 라는 생각이 드는 것입니다. 그러니 당장에 밉든 곱든 '곁에 있을 때 좀 더 잘해 주는' 게 최선의 방법인 것 같습니다.

초등학교 3학년, 아니 4학년 때였던 것 같습니다. 국어 교과서에서 '망각'에 관한 이야기를 읽은 적이 있습니다. 아마 〈세상에서 가장 무서운 것〉이라는 주제였는데, 대강의 이야기는 이렇습니다.

아이들이 옹기종기 모여 있는데, 한 아이가 묻습니다.

"이 세상에서 가장 무서운 게 뭘까?"

아이들이 하나씩 답을 내놓습니다. 호랑이가 가장 무섭다는 아이, 도깨비가 무섭다는 아이, 귀신이 무섭다는 아이 등이 있었지만 쉽사리 결론이 나지 않습니다. 길을 지나던 어른들에게 물어봐도 대답이 시원찮습니다. 그러다가 해가 질 때쯤 한 노인에게 다시 진지하게 묻습니다. 이에 노인이 대답합니다.

"망각이란다."

영문을 모르는 아이들이 고개를 갸우뚱하자, 노인이 알아듣기 쉽게 설명해 줍니다.

"사람은 늙으면 모든 것을 잊는단다. 젊은 날의 추억도, 사랑하는 사람도, 사랑하는 마음조차 잊어버리는 거지."

대충 이런 내용이었습니다만, 수업 시간에 이 이야기를 읽으면서 소름이 돋았던 기억이 납니다. 그렇잖아도 사람들의 정을 못내 아쉬워하던 저였는데, 다 잊힌다니요! 세상에서 제가 아끼는 것들과 사랑하는 사람들을 시간이 흐르면 모두 떠나보내야 한다는 사실이 너무나 무서웠습니다.

어렸으니 그런 생각이 들었겠지요. 그러다가 나이가 들면서 망각의 고마움을 조금씩 깨닫게 되었습니다. 망각이 있기에 힘들거나 괴로운 순간을 가슴에 묻을 수 있지요. 아버지를 떠나보낸 슬픔도 시간이 흐르면서 조금씩 옅어졌던 것 같습니다. 망각이란 정신 작용은 한편으로는 슬픔이고, 또 한편으로는 축복이 아닐까 싶습니다. 망각이 있으니까 '영원히 잊지 않을게.'라는 말이 더욱 가치를 가지는 것 같기도 하고요. 아픔을 낫게 하는 힘의 근원이랄까요? 세월이 흐르며 망각 덕분에 죽을 만큼 힘든 일도, 이별의 슬픔도 서서히 잊히며 밋밋해지곤 합니다. 덕분에 먼 훗날 웃으면서 지난날을 복기할 수도 있을 테니 뭐든 조금만 더 참아 봐야겠습니다.

망각이라는 '사후 도우미'가 있지만, 그래도 헤어진다는 것은 삶의 큰 짐입니다. 아무리 징글맞은 사람과 헤어진다고 한들, 헤어지는 당시에는 속이 시원할지 몰라도 돌아서고 나면 이따금 미련과 아쉬움이 떠오르기 마련입니다.

잘 헤어지는 방법이 있을까요? 설사 이별 매뉴얼 같은 것이 있더라도 원칙만 늘어놓을 뿐 내 상황에 딱 맞는 방법을 알려줄 리 없습니다. 세상만사는 수많은 사람들의 수도 없는 작용과 반작용의 조합인데, 그 경우의 수를 다 포괄하는 매뉴얼을 만든다는 것은 불가능합니다. 이별은 그냥 감내해내야 할 사건입니다. 상대에 대한 선의와 이해, 변화에의 순응, 분별과 사려 깊은 행동 같은 이성적인 태도는 혼이 빠질 만큼 힘든 이별 앞에서는 거의 무용지물이 되어 버립니다. 느끼는 그대로 두는 게 상책이지요. 아주 큰 슬픔이라면 당장에 일이 손에 안 잡히고 별별 생각이 다 들 것입니다. 너무 슬픈 나머지 화가 나기도 하고 눈물도 나겠지요. 그래도 억지로 참을 필요는 없습니다. 울어야 할 이유가 있으면 울어야 합니다.

오는 이별을 막을 수 없다면 그에 대처하는 가장 좋은 방법은 이별의 슬픔이 빨리 지나가기를 기다리는 것이고, 상대가 아직 곁에 있을 때 잘 대해 주는 것입니다. "이별하는 마당에 상대에게 잘해서 뭐하느냐?"라고 할 수도 있겠지만, 좋은 관계였든 나쁜 관계였든 조금은 정성을 보이는 게 바람직할 것 같습니다. 이별 후에 우리는 그 마지막 모습을 두고두고 떠올릴 것이고, 살면서 언젠가 다시 만날지도 모르는 게 세상일이기 때문입니다.

헤어질 당시에는 정말 미웠는데, 한참 지난 후에 돌이켜보니 '그때 조금 더 잘해 줄걸.'이라는 생각이 들곤 합니다. 사람의 마음이란 참 요상하지요. 억지로라도 정을 떼야 하는 경우는 말할 것도 없고, 두 번 다시 보기 싫을 만큼 미운 사람이었는데도 그렇습니다. 평소 주위 사람들에게 잘해 주려는 마음은 그래서 언제나 '참'인 듯합니다.

조금만 주의를 기울였으면 그렇게까지 어려운 일도 아니었을 텐데, 사람들을 떠나보내기 전에는 왜 몰랐는지 모르겠습니다. 그렇다고 그 만남을 다시 시작하지는 않겠지만요…….

08

내 곁을 지켜주는 사람

사람들은 저마다 무서운 것들이 있기 마련입니다. 이 문장을 읽는 순간에 내심 무서운 뭔가가 떠올랐을지도 모르겠네요.(그랬다면 죄송합니다!)

저는 어려서부터 제일 무서웠던 게 '죽음'이었습니다. 아홉 살 때였나요, 원인을 알 수 없는 고열로 한 달 동안 사경을 헤맨 적이 있습니다. 그때 백설 공주가 타던 마차 비슷한 것을 마부가 몰고 가는 허깨비를 종종 보곤 했습니다. 당시에 우리 가족이 살았던 서울 변두리의 15평짜리 국민주택에는 다락방이 하나 딸려 있었는데, 포마이카 재질에 니스칠을 해서 반짝반짝한 다락방 문에서 허연 마차가 왔다 갔다 하는 것을 본 기억이 지금도 생생합니다. 어린 마음에 '나를 태우러 온 저승사자였나?'라는 생각도 얼핏 해본 것 같습니다.

아플 때는 그냥 그런가 보다 여겼는데, 언젠가부터 죽음이 무서워지기 시작했습니다. 초등학교 무렵에는 밤에 자다가 갑자기 죽을까봐 무서워서 잠을 벌떡벌떡 깨기도 했는데, 그래도 '죽으려면 아직 멀었을 거야.'라며 무서움을 달랬습니다. 죽음을 생각할 나이에 한참 멀리 있을 때였으니 너무 조숙했는지도 모르겠습니다.

그랬던 제가 이제 오십 대 후반이 되었습니다. 얼마 전 친구들을 만나면서 우리나라 남자들 평균 수명이 79세, 전체 평균은 팔십 대 초반이라는 이야기가 나왔는데, 문득 '아, 이 세상 삶이 많이 남은 게 아니구나!'라는 생각이 들어 좀 놀랐습니다. 평균 수명이 늘어나서 정년퇴임을 하고도 한 30년은 너끈하게 제2의 인생을 살겠다 싶었는데, 65세에 교수직을 그만두면 달랑 15년밖에 안 남다니요!

그런데 이런 생각이 들자마자 순간적으로 떠오른 게 있었습니다. 바로 아내의 얼굴! 이리 말하면 제가 엄청난 애처가에 금슬 좋은 부부처럼 들릴지 모르겠으나, 실상은 전혀 그렇지 않습니다. 밖에서는 호기 부리며 남들에게 상처를 주는 일이 적지 않았고, 가정에서는 '왕에 가까운 가장' 노릇을 하려는 게 저의 실제 모습입니다. 집안일에 미주알고주알 참견하기 바쁘고, 아이들은 완전 방목하고 있다가 어느 날 돌변해서 마구 훈수를 두기도 합니다.《좋은 아버지 수업》이라는 책을 쓴 용기를 낸 게 가상할 정도이지요. 그럼에도 불구하고 죽음에 대한 생각이 들자마자 가장 먼저 떠오른 아내의 얼굴!?

아마 혼자 죽음을 맞는 데 대한 외로움과 두려움이 큰 탓인가 봅니다. 자식들은 때가 되면 다 출가할 테니 미리미리 '자식은 내 인생의 장애물'이라고 다짐하며 남처럼 취급해야 덜 외로울 것 같고요. 같이 늙어 가는 친구들 역시 각자의 삶이 있는지라 만나는 데 제약이 있을 것이고, 결국 남는 사람은 아내밖에 없을 거란 생각이 듭니다. 내가 죽을 때 내 곁에서 울어줄 사람.

그러고 보니 아내는 참 무던한 듯합니다. 어쩌다 제가 횡포를 부려도 꾹 참아 주고(요즘은 나이가 들어서 그런지 바로 '역습'이 들어올 때도 있습니다만), 말이 안 되는 잔소리도 잘 따라 주고, 제가 못하는 아이들 뒷바라지마저 서슴없이 다 하니까요. 저로서는 참 고마운 일이지요.

우리는 살아가면서 각양각색의 사람들과 인연을 맺습니다. 가족과 친구, 사랑하는 사람과 사랑했던 사람, 만나서 즐겁거나 고마운 사람, 만나면 왠지 기분이 나쁜 사람, 이도 저도 아닌 그냥 스치는 사람 등등. 이 중에 가장 소중한 사람은 죽을 때 바로 옆에서 나의 죽음을 안타깝게 지켜봐 주는 이가 아닐까 싶습니다. 그가 아내이건 애인이건, 자식이건 이 한 사람이 있다면 적어도 완전히 실패한 삶은 아닐 것입니다. 그렇게 나의 마지막을 지켜줄 사람을 지금부터라도 조금 더 챙겨 주고 함께 이런저런 추억을 쌓아야겠다는 생각을 해봅니다. 물건은 쌓여 있을수록 그 가치가 떨어지지만, 추억은 쌓일수록 더욱 소중히 여겨지는 법이니까요.

돈이 전부인 세상처럼 보여도 사실 분에 넘치는 재물은 기운이 팔팔할 때까지만 중요한 것 같습니다. 누릴 수 있을 때 한껏 누리고 세월이 흐를수록 조금씩 내려놓거나, 다른 사람들에게 주는 것이 맞지 않나 싶습니다. 어차피 마지막에는 내가 누울 자리 하나만 있으면 되니까요. 아무리 가진 재산이 많아 200평 펜트하우스에 살았던들, 아니면 운동장 같은 마당을 낀 대저택에 살았던들 누구나 어느 병원의 병실, 혹은 어딘가의 방에서 생을 마감할 텐데요. 훗날 죽음이 더 가까워지면 어려서처럼 무서워하지 말고, 외면하지도 말고, 그냥 훌훌 털어 버리는 지혜를 배울 수 있으면 좋겠습니다. 그러자면 마음을 좀 더 비워야겠고, 곁에 누구 한두 사람쯤은 꼭 있어야 할 것 같습니다.

거의 십 년쯤 전인 것 같은데, 제가 우리 대학의 목장장에 부임하면서 친한 후배와 함께 부지를 돌아본 일이 있습니다. 그때 온종일 같이 있으면서 그가 명상을 하는, 도사 수준의 신통력(?)을 지녔다는 사실을 처음 알았습니다. 그의 말에 따르면, 자신은 다른 사람의 암 냄새를 맡을 수 있다고 했습니다. 또한 단전 수련으로 몸속 알코올을 항문으로 배출하는 방법을 터득해 술을 많이 마셔도 손쉽게 정신을 차린다고도 합니다. 참 나! 어릴 때 서울역에서 보았던 약장수 같은 이야기를 하는데도 묘하게 끌리는 구석이 있는 친구이지요.

이 친구 같은 후배에게 죽음에 대한 두려움을 말했을 때 그가 내린 처방은 '나는 내가 아니고, 내가 나도 아니다.'라는 주문(?)을 마음이 불안할 때 반복해서 읊조리라는 것이었습니다.

순진한 건지 아닌지 저는 그렇게 두세 달을 따라 해봤습니다. 그랬더니 마음의 위안이 조금 되는 듯하면서도, 솔직히 잘 모르겠습니다. 이 주문이 효과가 있다면 아마도 나라는 대상을 객관화함으로써 집착에서 벗어나는 암시를 걸기 때문이 아닌가 싶습니다. 크게 슬픈 일이 있을 때도 그렇습니다. '슬퍼하는 본인이 내가 아니라면' 내 슬픔을 조금은 멀리서 바라볼 수도 있지 않을까, 하는 생각이 들기도 합니다. 물론 저는 그 수준에 이를 자신이 없으므로 그냥 많이 슬프거나 두려울 때 나를 위로해 주고 지켜봐 주는 사람이 있는 게 훨씬 위안이 될 것 같습니다.

나이가 들어서 그런지 이따금 죽음을 떠올리면서 '살아가며 나는 도대체 무엇을 얻으려는 거지?'라는 생각을 할 때가 있습니다.

일단은 삶을 즐기며 하고 싶은 일을 하며 살아야겠고, 자식들 앞날을 챙기는 일, 제가 하고 있는 연구와 학생들을 가르치는 일 등에 의미를 부여할 수 있겠지요. 그래도 뭔가가 빠진 듯 허전해서 곰곰이 생각해 보니 사람들과 별로 나누며 살지 않았다는 생각이 듭니다. 사실 이웃과 뭔가를 나눈다는 게 쉽지는 않지요. 내가 가진 좋은 것, 창피한 것을 다 나누다니요?

그런데 사람들이 나 혼자만 잘 벌어서 잘 살아야겠다고 마음먹었다면 인류는 이처럼 번성하지도, 계속 발전하지도 못했을 것입니다. 체격이 왜소한 호모 사피엔스가 지구의 주인 행세를 하게 된 결정적인 이유도 서로의 힘을 합쳐 문제를 해결했기 때문이지요. 경제 개념이 생기기한참 이전부터 사람들 간에 나눔이 있었기에 세상이 버텨온 게 아닐까요? 사람들의 이기적인 속성과 함께 '나눔' 역시 우리의 유전자에 각인된 습성인 것이지요. 아무리 개인을 소중히 하는 현대 사회라도 그 가치는 여전할 것입니다. 더욱이 오늘날은 우리가 딱히 의도하지 않아도 나눔의 기능이 작동합니다. 세금을 많이 내는 거나 지식 나눔, 봉사도 일종의 나눔일 테니까요. 개중에는 숭고한 뜻을 가지고 이제껏 자신이 쌓아온 것을 아낌없이 나누는 분들도 적지 않을 것이고요. 그래서 가진 게 많고 적음을 떠나서 기부를 하거나 자선사업을 하는 이들이 존경스럽게 느껴집니다. 결국 이런 사람들이 우리 사회를 지탱해 주는 버팀목이니까요.

본인이 이루어온 것들을 꽉 움켜쥐고 있는 사람이라도 막상 죽음이 가까워지면 '이렇게 허망한데 다 나누어줄 걸 그랬나?' 하는 생각을 하기 마련이겠지요. 한번 생각해 보세요. 몸은 여기저기 아프고 의욕은 떨어져서 하고 싶은 일도 딱히 없을 텐데, 돈이 다 무슨 소용이 있겠어요. 애플의 창업자인 스티브 잡스가 임종 전에 남겼다는 삶의 회한의 메시지가 뇌리에 떠오릅니다. 결국, 사람이 더욱 그리워지겠지요. 물질적인 것들은 죄다 시간이 흐르면서 가치가 줄겠지만, 지금 내 가까이에 있어서 오히려 가치를 잘 못 느끼는 사람은 세월이 차츰 그 소중함을 증명해줄 테니까요. 지금 내가 아끼거나 나를 아껴 주는 사람에게 조금 더 시간을 내주고, 마음을 써주고, 맛있는 것도 잘 챙겨 주면서 함께 행복을 누리는 삶이 중요한 것은 그 때문이 아닐까요? 역시 있을 때 잘해야 할 것 같습니다.

몇 년전에 베트남에 갔을 때였습니다. 전쟁의 참화를 오래 겪은 나라라 우리에 비하면 아직 발전이 덜 되어 있었습니다. 먼지가 자욱한 길거리, 자전거와 오토바이의 출퇴근 행렬, 거리의 이발사, 포장되지 않은 황톳빛 도로 등 제 기억에 남아 있는 어릴 적 우리나라 모습과 많이 닮았습니다. 그런데 경제적으로 풍족하지 않은 것과는 별개로(근래에 들어 훨씬 부유해졌지만), 그들이 사는 모습은 사뭇 남달랐습니다. 일례로 저녁 식사 후에 가족을 오토바이에 몽땅 태우고 드라이브하는 게 일상인 듯했습니다.

쪼그만 오토바이에 많게는 서너 명을 태우고 어디론가 향하는 수많은 사람들. 매연에, 먼지에, 경적 소음에 정신이 하나도 없었지만, 그들의 얼굴에서 진심으로 즐거워하는 모습이 보입니다. 애당초 행복은 물질적 풍요와 별 관계가 없는 걸까요? 그들에게는 지금의 순간만큼은 고급 자동차도, 럭셔리한 음식점도, 우아한 분위기도 다 필요 없는 것 같았습니다. 식구들끼리 딱 붙어서 먼지 구덩이 길거리를 돌아다니며 웃고 즐거우면 그만이라는 여유로움이 느껴집니다. 제게는 그들이 참 행복해 보였습니다.

나이가 들면 후회되는 일들이 하나둘씩 쌓이기 마련입니다. 지난날을 돌이키며 문득 '그때 ~했더라면'라는 생각이 드는 일들이지요. '내가 원하는 삶을 살았더라면', '그 친구와 좀 더 친하게 지냈더라면', '이왕 이렇게 되는 거라면 즐겁게라도 살걸.' 등등이 떠오를 것 같습니다. 다 지난 일들이니 이제는 어쩔 도리가 없지요. 웬만한 일들에 대해서는 이미 마음에서 접은 지도 오래입니다. 하지만 '좀 더 소소한 행복을 누리며 살걸.'이라는 생각 하나는 참 아쉽습니다. 돈이 많이 드는 것도 아니고 시간을 많이 빼앗기는 것도 아닌데, 소중한 사람들과의 오붓한 한때를 과소평가하며 살지 않았나 싶습니다.

· · ·

어느 화창한 날에,
소풍 가방 하나만 준비하면 돼요.
순간의 행복이 인생의 행복을 좌우하니까요!

어쩌면 우리는 너무 많은 것들을 누리기 때문에 거기에 마음을 다 빼앗기며 사는지도 모르겠습니다. 돈이 많으면 정말 편하고 즐거운 세상이기는 합니다. 하지만 그게 오래가지는 않습니다. 사람은 새로운 것들에 아주 잘 적응하는 습성이 있어서, 좋은 게 손에 들어와도 금세 식상함을 느끼고는 또 다른 새로운 것을 찾게 마련입니다. 겉모습이 화려하고 남들이 부러워하니까 좋아 보여도 사실 삶의 행복과는 크게 관계가 없는 것들이지요.

예컨대 멋진 자동차, 혹은 높은 지위를 가진 것 자체가 좋아서 자신도 모르게 미소를 지을 만큼 표정이 해맑은 사람을 저는 여태 별로 본 적이 없는 듯합니다. 우리의 마음을 온화하고 행복하게 만드는 것들은 그보다는 아이들이 뛰어노는 모습, 어느 봄날에 활짝 핀 꽃, 오랜만에 만난 친구와 실없이 주고받는 농담, 그리고 사랑스러운 사람을 넌지시 바라볼 때 등등이 아니었던가 싶습니다.

09

나의 삶, 나의 가치

참 많은 것들을 이루려고 애쓰며 살아온 듯 합니다. 하지만 그 대부분은 미완성인 채로 그냥 묻어야 했지요. 어려서는 자의 반 타의 반으로 어쩔 수 없이 포기하곤 했는데, 세상 물정을 조금씩 알아가면서는 스스로 내려놓는 법을 배운 게 그나마 다행인 것 같습니다.

세상이 만만치 않다는 것은 코흘리개 시절부터 하나둘 깨닫기 시작하지요. 저 역시 그랬습니다. 저보다 공부 잘하고, 잘생기고, 운동도 잘하고, 여자아이들에게 인기도 많은 아이들 때문에 가슴앓이를 적지 않게 했지만, 이내 포기하고 적응하게 되었습니다. 커가면서 저보다 뛰어나고 잘난 사람들이 우글거린다는 사실도 새삼 뼈저리게 느꼈지요. 그러면서 배우기 시작한 것 같습니다. 내가 잘할 수 있는 것만 열심히 하자! 저의 고육지책인지 모르겠지만, 인생 중반쯤부터 그렇게 포기하고 버리는 법을 배웠기에 지금은 마음 편하게 살고 있습니다. 만약 끝끝내 포기하지 못하고 발버둥 치며 살았다면 수없는 밤을 뜬눈으로 새웠을 것이고 아마 병원에도 여러 번 실려 가지 않았을까 싶네요.

이 같은 마음을 가질 수 있게 된 요즘이 저의 다섯 번째 인생 변곡점으로 자리 잡지 않을까 생각됩니다. 사십 대에 제 한계를 극명하게 깨달은 네 번째 터닝 포인트를 지나 이제는 조금 세상 사는 요령이 생긴 걸까요? 아니면 또 다른 변곡점이 될 '대형 사건'이 기다리고 있을까요? 아직 진행 중이니 좀 더 살아 봐야 할 것 같습니다.

몇 번의 터닝 포인트를 거쳐 인생의 가을을 지나고 있는 지금, 제가 느끼는 성공하는 삶의 열쇠는 자신이 잘할 수 있는 일에 집중하고 나머지 일들은 다른 누군가에게 자리를 내주는 지혜라고 생각합니다. 오늘날처럼 다양성이 강조되고 분업화된 세상에서는 내가 잘하는 것을 바탕으로 잘하는 다른 누군가의 자원을 활용해 새로운 가치를 만드는 게 중요합니다. 이른바 개방적 혁신open innovation이라는 것이지요. 뒤에서 다시 이야기할 텐데, 나 자신의 색깔을 확실히 가지고 다른 분야 전문가들에게도 기댈 수 있어야 서로가 잘 살아갈 수 있습니다.

잘 산다는 것, 행복하게 산다는 것은 어떤 의미일까요?

제가 느끼기에 행복은 일상의 평온이 크게 흔들리지 않으며 살아가는 상태인 것 같습니다. 살다 보면 소소한 기쁨과 슬픔, 길한 일과 흉한 일, 그리고 돈이 꽤 벌리거나 궁한 시기가 있습니다만, 행복한 사람들은 이런 것들에 크게 지장받지 않으며 주어진 삶의 시간을 채워 갑니다. 그들이라고 불행한 일들이 휘몰아칠 때가 왜 없겠어요? 하지만 '삶이 우리를 속이는' 와중에도 그들은 마음 한구석에 조금의 여유를 남겨 놓습니다. 바로 그 힘으로 어려움을 다 받아내고, 자신의 행복을 지켜내는 것이지요.

행복한 삶의 가장 기본 조건은 나와 가족이 그럭저럭 무탈하다는 안도감이 아닐까 합니다. 그다음으로 꾸준히 할 수 있는 일, 하고 싶은 취미, 그리고 마음의 여유도 필요할 것 같습니다. 내가 하고 있는 일을 통해 밥벌이 겸 자아실현을 하고, 하고 싶은 일에서 세상살이의 즐거움을 더하는 것이지요. 마음의 여유는 그 자체로 삶의 불안을 줄여 주고, 온갖 걱정거리에 대처하는 힘을 길러 주기도 하지요.

겉으로 드러나는 성공하는 삶의 기준, 그러니까 재산과 명예, 직위 등은 물론 중요합니다. 하지만, 어떻게 보면 이것들은 약이면서 한편으로는 독이 될 수 있습니다. 제가 신봉하는 '질량 보존의 법칙'에 따르면 이런 유의 성공 요인 다음에는 꼭 그만한 대가가 따르니까요. 세속적인 성공 기준을 소가 닭 보듯이 하는 사람은 없겠습니다만, 행여 내가 가진 것들이 성에 차지 않아도 너무 상심하지 않기를 바랍니다. 그런 사람들이 꽤 많은 듯합니다. 스스로에 대해 자책하고 자긍심 없이, 누구에게 빚이라도 진 것처럼 하루하루 조바심을 느끼며 살아갑니다. 개중에는 신경정신과를 찾을 만큼 증세가 심한 사람도 더러 있습니다. 바로 자존감의 왜소화 현상입니다. 본인이 세상의 짐이라고 생각하는 사람도 있고, 세상이 한참 잘못되었다는 울분으로 술에 의지해 불안한 마음을 달래는 이도 있습니다. 이런 분들을 폄하할 생각도 제가 그럴 자격이 있는 것도 아닙니다만, 아무쪼록 삶의 실타래를 차근차근 풀어갈 수 있기를 바랍니다.

어떠한 어려움에 처하든 지금부터 다시 시작할 수 있습니다. 그래서 언젠가 삶을 마감하는 시간이 다가왔을 때 '나름 가치 있게 잘 살았네.'라는 생각이 든다면 충분하지 않을까요? 사람마다 바라는 인생 척도가 있겠습니다만, 적어도 지금의 제게는 이것이 소중한 삶의 평가 기준이라는 생각이 듭니다. 제가 하고 싶은 일과 제게 주어진 일에 열정을 다하고, 몇 번쯤 실패하는 일이 있어도 털고 일어나서 다시 노력하고, 가족을 돌보고, 이웃을 돌아보며, 때로는 잘못된 일에 그건 아니라고 외치기도 하는 돌쇠 같은 삶이면 어떨까 싶습니다.

그리고 또 한 가지, 나이가 들면서 소중하게 여겨지는 게 바로 이웃과의 소통, 연대입니다. 쉽게 말해 함께 어울리고 도와가며 살아야 한다는 말인데, 이게 억지로 되는 일은 아닐 것입니다. 삶의 자세나 힐링을 다룬 에세이에서 '남을 배려하고 이웃에 봉사하는 삶'에의 조언을 종종 보지만, 솔직히 말씀드려 이 말이 크게 와닿지는 않습니다. 그 비슷한 말을 누군가에게 들을 때도 '으음, 맞는 말이지.'라며 동의에 그칠 뿐 제 진심이 실리지는 않습니다. 그 말이 틀려서가 아니라 사람이기 때문에 그렇습니다. 사람은 이성적이지만 동시에 이기적인 동물입니다. 아무리 헌신적인 삶을 살더라도 본인 입장에서 판단하고 자신을 모든 사안의 중심에 놓을 수밖에 없지 않을까요? 하물며 보통의 삶을 살아가는 소시민들에게는 있는 것 없는 것 가리지 않고 다 내주는 삶 자체가 현실에서 동떨어진, 어쩌면 일종의 욕심이나 허영이 아닐까 싶습니다. 그저 나를 아끼는 가운데 주변의 어려움을 돌아보고, 내가 조금이나마 기여하고자 하는 마음을 가질 수 있기를 바랍니다. 내 삶을 책임지려는 태도와 남을 이해하고 배려하는 마음이 멋진 하모니를 만들 수 있다는 생각도 들고요.

저의 삶은 주변의 도움이 없었다면 여기까지 이르지 못했습니다. 온전히 저만의 능력으로 지금의 제가 만들어진 게 아니니까요. 능력이 출중한 것도 아니고, 불굴의 의지나 명석함 같은 것도 저와는 거리가 멉니다. 그런데도 한 대학의 교수, 한 집안의 가장 역할을 하며 나름 안정된 생활을 누리는 것은 주변의 도움이 있었기에 가능했습니다.

심지어 제가 모르는 분들이 저를 도운 일도 있었습니다. 미국에서 박사 과정 후 연구원으로 실험에 푹 빠져 지내던 시절, 제가 가진 능력보다 더 인정받게 된 계기는 건물 환경미화원분들의 입소문 덕분이었습니다. 학교에 "저 동양인은 새벽 4시면 출근해서 일하고 있어."라는 풍문이 돌면서 저에 대한 부풀어진 평가가 만들어졌고, 그것이 제게 모종의 기회를 준 셈이지요. 살면서 이런 일들이 꽤 있었습니다. 어느 누구는 '성격이 조금 그래서 그렇지 좋은 면도 많아요.'라며 저를 감쌌고, 또 어느 분은 '상까지는 아니더라도 벌을 줄 필요까지는 있냐.'며 제 편을 들어 주었다는 이야기를 나중에 들은 적도 있습니다.

스스로 만드는 나의 가치와는 별도로, 세상 사람들이 만들어 주는 나의 가치가 있습니다. 내가 만드는 나의 가치는 한두 번쯤 치열하게 살면서 얻어지는 것 같고, 사람들이 만들어 주는 가치는 그들의 배려와 온정 덕분입니다. 아무리 잘나고 뛰어난 사람이라도 온전히 자신의 힘만으로 그리된 것은 아닙니다. 마치 존경을 내가 스스로에게 하는 게 아니라 남들에게 받아야 하듯이 말이지요. 좋은 평가를 받기 위해 자기 공적서를 부풀리거나 주위에 청탁하는 사람도 없지 않습니다만, 이런 꼼수가 매번 통하는 세상이 아닙니다.

사소한 호의가 누군가에는 큰 은혜가 되기도 하고, 반대로 무심코 내뱉은 한마디가 누군가의 가슴에 비수가 되어 꽂히기도 합니다. 그렇게 얽히고설킨 세상에서 우리는 좋거나 나쁜 영향을 주위에 끼치며 살고 있습니다. 그러니 조금은 더 긍정의 마음으로, 내가 받았을 누군가의 배려와 도움을 또 다른 누군가에게 돌려주는 게 마땅할 것 같습니다. 이로써 세상에는 사람 사는 냄새가 더욱 진해질 것이고, 내 삶의 만족과 자신감으로도 이어지니까 일거양득이지요.

"쯔쯔. 세상이 어떻게 되려고! 말세네, 말세……."

어르신 세대의 근심걱정으로 판단하자면 우리나라는, 아니 세상은 망해도 벌써 몇 번을 망했을 것입니다. 하지만 세상은 멀쩡합니다. 적어도 지구 환경 문제를 제외하면 예전에 비해 훨씬 살기 좋아졌고 앞으로의 세상은 더더욱 장밋빛입니다. 공상과학 소설에서나 보던 장면이 불과 수십 년 내에 현실로 펼쳐질 것입니다. 평균 수명이 100세가 넘어가고, 무인 자동차에서 딴짓을 해가며 운전하고, 로봇과 시스템이 사람의 온갖 시종 역할을 다할 것입니다. 그처럼 기계가 사람의 일을 대신해주는 사회에서는 사람과 사람 사이의 거리가 차츰 멀어지겠지요. 그럴수록 타인에 대한 관심과 배려는 더욱 소중해질 테고요.

산다는 것은 나의 가치를 차곡차곡 쌓고 나누는 데 있지 않을까 싶습니다. 인생의 여러 이벤트들, 다시 말해 살아가며 겪게 되는 길흉화복은 한때의 바람이지요. 어차피 지나고 말 것들이니 그에 너무 상심하거나 자만할 일은 아닙니다. 중요한 일들은 그때그때 계획하며 실천하고, 소중한 것들은 가슴 한구석에 잘 간직하고 있으면 됩니다. 그렇게 나의 가치를 잘 쌓고 잘 나누는 데는 두 가지가 필요해 보입니다. 열정과 선의입니다.

첫 번째, 열정passion은 일을 이끌어가고 결과를 만들어내는 동력입니다. 아무리 주위에서 등을 떠밀고 머릿속으로 '해야지, 해야지.' 해도 스스로 부딪치려는 마음이 들지 않는다면 아무것도 이루어지지 않을 것입니다. 그 가장 바탕의 덕목이 열정입니다.

열정이 그냥 생기는 것은 아닙니다. 구체적인 목표가 있어야 열정이 샘솟고 실천으로도 이어집니다. 살아가다 보면 내가 잘하는 것이 무엇인지를 아는 기회와 마주치기 마련입니다. 학교에서 배우고 사회에서 경험하면서 그것은 여러 차례 바뀌기도 할 텐데, 이렇듯 자신의 장단점을 알아가는 게 삶의 묘미이지요. 목표가 있고 열정마저 충만해졌으면 이제 꾸준히 그 길을 걸을 수 있는지가 성공의 관건이 됩니다. 결심은 누구나 할 수 있고 방법 또한 모르는 게 아니라면, 결국 실천하는 사람만이 원하는 바를 얻을 것입니다.

나의 가치를 알고 나눔의 삶을 사는 데 필요한 두 번째 덕목은 타인에 대한 선의goodwill입니다. 일상에서 마주치는 사람들에 대한 배려와 공감은 세상이 제대로 돌아가게 만드는 매우 중요한 요소입니다. 그래도 살 만한 세상이라는 생각이 드는 것은 열심히 제 살길만 찾는 사람들 이상으로 이웃과 공동체를 위해 베푸는 사람들이 많았기 때문이지요. 내가 쌓아온 것을 잘 나누기 위해서라도 선의는 꼭 필요합니다. 사람들이 괘씸하다는 생각만 머릿속에 가득하다면 나누고 싶은 마음이 들 리가 없을 테니까요.

　나이 육십에 다가오기까지 많은 것들을 받으며 살아왔으니, 앞으로는 제가 받은 것들을 조금이라도 세상에 되돌려 주는 삶을 골몰해야겠습니다. 있으면 있는 대로, 부족하면 부족한 대로 제 것을 나누는 연습이 필요할 것 같습니다. 그렇게 가을이 지나고 겨울이 될 즈음에는 몸과 마음이 아주 홀가분했으면 좋겠습니다.

꧁

삶은 내가 원하는 대로 이루어지지 않습니다.

이런저런 길흉화복이 마구잡이로 찾아오지요.

어쩌다가 나쁜 일이 생기고 또 어쩌다가 좋은 기회가 찾아옵니다.

어쩌다 만나게 되는 좋은 기회를 잡기 위해서는,

자신이 원하는 삶 근처에서 꾸준히 노력하며 기다릴 수 있어야 합니다.

꧂

Part 2

말의 가르침 세상의 가르침

10

싸움에 이기려면 명분이 중요하다

하루를 너그러운 마음으로 생활하면 왠지 기분이 좋아집니다. 이런 날이 한 며칠 이어지면 내가 참 잘 살고 있는 듯한 생각도 들지요. 길을 가다가 생판 모르는 누구를 사심 없이 도왔다든지, 나보다 형편이 어려운 분에게 무언가를 양보하거나 봉사 활동을 펼치고 나면 뿌듯한 느낌이 들 것입니다. 이게 대다수 보통 사람들의 생리입니다. 그래서 선의는 나를 위해서라도 수시로 실천할 필요가 있습니다. 용서가 나를 위해 하는 것이듯이……

그런데 그 정반대인 날도 있습니다. 지나고 나면 별일도 아닌 사소한 문제를 가지고 가족, 동료, 주변 사람들과 티격태격합니다. 앞의 '성인군자' 같은 마음은 온데간데없지요. 화가 치밀어오르는 순간에는 내가 갑자기 투사가 되든지, 아니면 주위의 온갖 핍박을 무릅써야 하는 비운의 주인공이 된 듯한 느낌이 듭니다. 누구든 나를 건드리는 순간 쌈닭같이 돼버리니 평온한 일상을 유지한다거나 덕을 쌓으며 너그럽게 살기 참 어렵습니다.

　사실 별일 아니지만 생각해 보면 '은근히' 기분 나쁜 사건을 몇 년 전에 겪은 적이 있습니다. 지인에게서 어떤 프로젝트에 대한 참여 제안을 받았습니다. 제가 하는 분야의 일이라서 별생각 없이 '그러지요.' 하고 수락했는데, 나중에 뚜껑을 열고 봤더니 다른 사람이 저 대신 하게 됐다는 것이었습니다. 처음에는 그런가 보다 하고 말았습니다. 그런데 웬걸요, 알고 보니 지인과 함께 일을 진행하던 사람이 자기와 친한 이와 하겠다며 뒤늦게 저를 뺀 것이었습니다. 제가 생각하지도 원하지도 않았던 일을 부탁 때문에 하려 했는데, 누군가에게 '비토'를 당했다는 모양새로 느껴져 기분이 썩 좋지 않았습니다. 차라리 처음부터 건드리지 말고 그냥 두었더라면 모르기나 했을 텐데…….

　저를 뺀 양반에게 무슨 일이 있었는지 모르는 척하며 물어봤더니 제 속도 모르고 태연하게 그간의 사정을 말해 주었습니다. 정작 본인은 '비토'라고는 전혀 생각하고 있지 않은 눈치였습니다. 저로서는 좀 어이가 없었지요. 여하튼 또 그런가 보다 했습니다만, 얼마 지나지 않아 저를 추가로 프로젝트에 참여시키겠다는 연락이 왔습니다. 이미 기분이 상한 상태였던 터라 "그냥 없던 일로 해주시죠?"라며 사양했습니다. 그러고 나서 엉뚱하게도 저를 비토했던 양반에게서 '본인은 사직하겠으며 그 대신에 저를 추천하겠다.'라는 사과 메일이 왔습니다. 이때부터는 좀 난감했습니다. 결과적으로 아무 일도 아닌 것을, 제가 욕심 부려 그의 자리를 빼앗은 꼴이 되었습니다.

조직 생활에서는 이와 비슷한 일들이 이따금 일어납니다. 가만히 있으면 속은 것 같기도 하고, 동료나 남들로부터 따돌림당한 것 같아 기분이 아주 안 좋습니다. 나 없는 자리에서 '술안줏거리' 뒷담화가 오갔다는 이야기라도 들으면 정말 약이 바짝 오르지요.

이 같은 해프닝이 생길 때 가장 속 편한 방법은 남들이 그러거나 말거나 신경 끄고 내 일이나 하며 사는 것이겠지요. 하지만 이런 일이 연이어 생기면 문제는 달라집니다. 벌레가 나무 잎사귀를 갉아 먹듯 야금야금 내 평온한 마음을 파고드는 군상들이 보일 테니까요. 이때부터는 성인군자를 흉내 내듯 살기가 쉽지 않습니다. 남에게 심한 소리 하지 않고, 폐 끼치지 않고, 내 체면 정도만 지키며 살고 싶은데, 잔잔한 호수에 자꾸 돌을 던지니 어찌 평온하기를 바랄 수 있을까요.

결국 그들과 부딪칠 수밖에 없습니다. 아무리 내 자신의 울타리를 단속하며 '나만 잘하자, 나만 잘하자.'를 되뇌어도 소용없습니다. 깨끗하게 내가 물러서는 방법도 있지만, 이쪽도 자존심이 있는지라 마냥 참아 주기는 힘듭니다. '무서워서 피하나, 더러워서 피하지.'라는 마음으로 아예 그 바닥을 떠나 새로운 곳에 둥지를 틀면 괜찮을까요? 똑같습니다. 옮긴 곳에 또 다른 누군가가 와서 슬슬 건드릴 테니까요. 아무리 한적한 바닷가라도 먹을거리만 있으면 갈매기는 또 하나둘 모여들기 마련입니다.

급기야 나를 건드리는 군상들과 '맞짱'을 뜨겠다고 생각을 굳힙니다. 다만 마음에 걸리는 게 있습니다. 여태 대의를 좇으며 나름 '고고하게' 살아왔는데, 제 잇속만 챙기려는 인간들과 진흙탕에서 시시비비를 가려야 하다니요!

그래도 맞서 싸워야 할 때는 싸워야 합니다. 진흙탕 싸움을 각오하는 이상은 고고한 척해 봤자 나만 바보 취급당할 뿐입니다. 내 몸에 진흙이 잔뜩 묻더라도 어쩔 수 없지요. 결국 '짐승의 본능'으로 싸움에 임해 나를 지켜야 합니다. 비슷한 일을 다시는 일으키지 말라는 '최후통첩'으로 싸움을 피할 수 있을지 모르지만, 그렇게 해서 일이 잘 해결되는 경우는 드뭅니다. 원래 세상은 그처럼 싸우고 화해하면서 정이 들고 사람 냄새도 나는 법이니 그냥 한번 붙어 보는 것도 나쁘지만은 않습니다. 진흙탕 싸움 또한 긍정적인 측면이 있는 것이지요. 허구한 날 싸움을 일삼는 정치인들을 봐도 그렇습니다. 우리는 손가락질하며 조롱하지만, 그들은 더 나은 세상을 만들기 위해 진흙탕 속에서 자기 한 몸을 바치는 것일 수도 있습니다.

싸움이 시작되면 이겨야 합니다. 적들은 힘이 달리면 뒤에 숨어서 나를 괴롭힐 것이고, 힘이 넘칠 때는 정면 공격으로 내 것을 빼앗으려 할 것입니다. 상대가 게릴라전을 펼칠 때는 게릴라전으로, 정면 승부일 때는 대놓고 한바탕할 수도 있습니다. 그렇게 맞서 싸울 때 가장 큰 무기는 뭘까요? 사회인들의 싸움에서 완력은 말이 안 되고, 말발이 세다거나 머리가 잘 돌아가서 꼼수에 능한들 크게 유리하지는 않습니다. 이같은 싸움에서 가장 센 힘은 '명분'에서 나옵니다.

명분은 어떤 일을 도모할 때 내세우는 이유나 구실이지요. 이 명분은 내 생각에만 그쳐서는 안 되고, 사람들이 다들 인정할 만큼 보편타당성을 가져야 합니다. 쉽게 말해, 자신이 당하기 싫은 일은 남에게도 해서는 안 된다는 도덕적 정당성이지요. 적어도 내 잇속만 챙기기 위해 싸움에 나서서는 안 됩니다.

만약 나의 명분이 상대에 비해 턱없이 부족하다면 내 영역을 침범당하는 것이 당연하다고 여겨야 합니다. 싸워 봤자 이길 가능성이 적으니, 이럴 때는 깨끗이 포기하고 '전략적 후퇴'를 하는 게 상책입니다. 애당초 명분에서 밀리면 이미 절반은 진 싸움이나 다를 바 없기 때문입니다. 뻔히 지는 싸움인데 항복하지 않고 끝까지 저항한들 내 백성과 군사만 죽이고 결국 다 뺏기고 맙니다. 진흙탕 싸움에서는 명분이야말로 최고의 공격과 방어 수단이 되는 것입니다. 약한 명분으로 싸움에 목을 매는 일은 이기기 어려울뿐더러 구질구질해 보이기까지 하니 깔끔하게 물러서는 편이 낫습니다.

반대로, 나의 명분이 확실하고 상대가 정말 잘못되었다는 판단이 들 때는 망설이지 말고 진격해야 합니다. 가급적 빨리 승부를 끝내는 게 좋습니다. 그래야 '전쟁'의 피해를 최소화할 수 있습니다. 논에서 미꾸라지를 잡을 때도 맨손으로 흙탕물을 헤집고 다니기보다 진흙을 대야에 통째 퍼담은 후에 미꾸라지를 걸러내는 게 빠르게 잡는 요령이지요. 손에 '피'를 묻히기 싫어 이런저런 양보를 생각하기보다는 정공법을 취해 쓸데없는 여지를 남기지 않는 게 정석입니다.

다만 내가 이기는 싸움에서도 주의해야 할 게 있습니다. 아무리 명분이 확실하고 승기를 잡았더라도 싸움을 끝의 끝까지 밀어붙여서는 안 됩니다. 외적의 침입을 격퇴하면 거기에 만족해야지 본거지까지 쫓아가 몰살시켜서는 안 된다는 의미입니다. 그 이유는 명분이 크고 작을 뿐 상대방의 주장에도 나름 일리가 있을 테니 어느 정도 존중해 주어야 하기 때문입니다. 상대방이나 나 모두 사랑하는 가족과 아껴 주는 사람들이 있을 것이고, 세상 모두가 악인으로 인정하지 않는 이상 그들을 다 죽이겠다며 덤비는 게 그리 좋아 보일 리도 없습니다.

싸우지 않고 이길 수 있다면 더할 나위 없겠지만, 악을 악으로 갚지 않고 선으로 갚는 것도 빛이 나는 일입니다. 우리는 누구도 완벽하지 않고 아무리 내가 옳아도 내 뜻을 펴는 중에 상처받는 사람이 생기게 마련입니다. 언행이 경솔하거나 시기하는 마음이 커서 그렇지 사실 처음부터 끝까지 악으로 꽉 찬 사람은 아주 드물 것입니다. 한순간의 실수가 있을지언정 그들에게도 지키고 싶은 가치나 가족이 있다는 사실을 잊지 말아야겠습니다. 그렇게 지지고 볶더라도 또다시 그들과 얼굴을 맞대며 살아야 하는 상황이 올 수도 있겠고요.

정정당당하게 시비를 가려 나를 지킬 수 있으면 그것으로 충분하지 않을까요? 이것이 내가 진흙탕에 들어가는 원래 목적이므로, 그 일이 끝났으면 원래 자리로 되돌아와야 합니다. 어쩔 수 없이 묻혀야만 했던 진흙을 깨끗이 털고 본래의 평온한 나로 돌아오는 것입니다. 다른 나라의 침략에 맞서 생업을 관두고 전쟁터로 나서는 병사는 애당초 상대 나라의 병사를 죽이는 게 목적이 아닙니다. 내 나라를 지키는 게 첫 번째 목적이고, 다시는 넘보지 못하게끔 힘을 보이는 게 두 번째이지요. 그렇더라도 적국의 나와 같은 젊은이, 혹은 어느 집안의 가장들을 죽일 수밖에 없습니다. 그 자체가 비극이니 전쟁의 폐해를 줄일 수 있는 데까지는 줄이는 게 맞지요. 하물며 사회생활에서의 사소한 다툼과 갈등, 경쟁을 이유로 굳이 '십 년 원수'를 만들 필요는 없습니다. 어떻게든 전쟁을 빨리 끝내고, 나름의 인정도 베푼 후에 집으로 돌아와 식구들을 위해 다시 생업에 충실해야지요.

앞에서 이야기한 프로젝트 해프닝의 에필로그입니다.

자기들 마음대로 저를 뺐다가 넣고 사직하네 마네 하다가, 결국 제게 구두로 사과하고 그 양반도 사직을 번복하였습니다. 그리고 나서는 아무것도 변한 게 없습니다. 여전히 제가 없는 자리에서 저에 대한 뒷담화를 하고 있더라는 이야기도 들려옵니다. 저만 괜한 시간과 에너지를 낭비한 꼴입니다. 그냥 저라는 인간이 싫은 거지요. 그러니 어쩌겠어요. 어차피 제가 싫은 사람은 그에게 동조할 것이고, 반면에 제게 호감을 가진 이들은 그냥 흘려듣겠지요.

그러면서 저도 깨달았습니다. 저 역시 평소에 그리 해왔다는 사실을요. 남들과는 다르게 저의 비판은 정당하다며 애써 자기합리화했을 테지만, 결국 다 비슷합니다. 저부터가 그러니 과하지만 않으면 적당히 욕먹고 또 적당히 욕도 하며 사는 게 세상살이인 것 같습니다.

이기는 싸움에 명분이 중요하다면, 나의 명분은 어떻게 확신할 수 있을까요? 내 기분이 나쁘니까, 무조건 상대가 잘못했다는 생각으로 무턱대고 진흙탕에 뛰어들 수는 없습니다. 사람은 사안을 자신의 입장에서 바라보기 십상이지만, 내가 언제나 옳을 수는 없습니다. 그래서 거울이 필요합니다. 스스로를 볼 수 없으니 내 모습이 어떠한지를 알려 줄 누군가가 필요한 것입니다.

세상살이에는 나를 이끌어줄 멘토 못지않게 스스럼없이 충고를 아끼지 않을 조력자나 참모가 중요합니다. 보통 친구들이 그런 역할을 선뜻 나서서 해주곤 하지요. 세상일이란 어느 방향에서 보는지에 따라 크게 달라지는 법입니다. 동전의 앞뒷면처럼 이쪽에서 보면 앞면이 보이고, 저쪽에서 보면 뒷면이 보입니다. 내 생각이 아무리 옳아도 나의 반대쪽에서 보면 다른 면이 보일 수 있지요. 당장에 화가 많이 나 있을 때는 더더욱 다른 방향에서 나를 봐줄 사람이 필요합니다. 내 생각이 틀릴 수 있고, 주위와 대화하는 중에 마음이 가라앉았거나 더 나은 해법을 찾을 수도 있습니다. 무엇보다, 혼자 사는 세상이 아니지요. 내가 아무리 옳고 정당하더라도 나의 결정 때문에 누군가 상처를 받거나 뜻하지 않은 피해를 보는 사람이 있을 수 있습니다. 참모나 조력자는 그에 대해 명쾌한 해법을 찾아줄지 모릅니다. 내게 보이지 않는 게 그에게 보일 수도 있으니까요.

어디까지나 최종 결정은 본인 몫입니다. 아무리 주위 사람들이 객관적인 입장에서 합리적인 조언을 해주더라도 그는 내가 아닙니다. 나의 삶과 지금의 처지를 온전히 이해하는 데 한계가 있고, 내 사안이 본인의 발등에 떨어진 불 또한 아닙니다. 냉정하게 보면 그 또한 남의 입장에서 판단해 한두 마디 건네줄 따름이지요. 싸움에 지면 내 것을 빼앗기고, 이기면 내 것을 지키는 것입니다. 결과가 어찌 되었든 내가 그 모든 것을 감당해야 합니다. 결국 올바른 판단을 내리는 데는 나의 '내공'이 관건이 된다고 하겠습니다. 삶의 경험에서 오는 지혜가 필요한 이유는 그 때문입니다. 필요한 명분을 찾아내는 법을 자연히 깨치게 되는 것이지요.

지혜는 지식을 시의적절하게 활용하는 데서 나옵니다. 우리는 학교 교육과 나름의 공부를 통해 지식을 쌓지요. 이 지식이 삶의 경험과 어우러져 지혜, 즉 깨달음을 얻습니다. 정보의 바닷속에서 지식을 두루 쌓고, 그 지식을 바탕으로 삶끼리 부딪치는 가운데 지혜가 커지는 것입니다. 부끄러움 없이 쌓은 지혜가 진짜 큰 힘을 갖습니다. 지혜는 세상을 살아가는 무기입니다. 세월은 나이가 들어 늙어 가는 보상으로서 우리에게 지혜란 소중한 선물을 주는지도 모르겠습니다.

예전에 어느 시인은 '스물세 해 동안 나를 키운 건 팔 할이 바람이다'라고 노래했습니다. 여기에서 바람은 세상의 시련, 역경이 아닐까 싶습니다. 고된 세상살이가 그 시인의 내적 성장을 이끌었다고 할 수 있고요. 우리가 학교와 책, 공부나 말에서 얻는 지식은 그냥 아는 데만 머무는 경우가 많아서 세상의 온갖 일들을 겪으며 얻는 깨달음과는 분명 차원이 다릅니다. 배움으로써 얻는 지식이 무용하지 않고 나름의 역할도 하겠지만, 머리로 아는 것과 몸과 마음으로 직접 겪는 것은 하늘과 땅 차이이니까요.

지식에 생명을 불어넣어야 지혜가 만들어집니다. 그런 지혜는 먼저 사람들에게서 나옵니다. 그가 친구이건 적이건 상관없습니다. 성공과 쟁취의 경험뿐 아니라 시련과 역경을 통해서도 지혜를 얻을 수 있습니다. 마음을 열고 보면 하늘과 구름, 나무 한 그루, 동물에게도 영감과 가르침을 얻습니다. 세상에는 깨달음을 주는 것 천지입니다. 세상 만물이 모두 우리의 선생님이지요.

좋은 인간관계를 가지려면

세상일에는 어떤 것이든 양면성이 있습니다. 아무리 의도가 좋아도 소명 의식이 지나치면 독선으로 이어지기 십상이고, 경쟁심 역시 과욕이나 우월 의식으로 쉽게 변질됩니다. 욕심이 과해서 오히려 마이너스가 되는 일은 우리 삶 곳곳에서 찾아볼 수 있습니다. 대표적인 예가 자기 분야에서 일가—家를 이뤘음에도 굳이 정치나 사업 같은 다른 분야에 입문해 망신살이 크게 뻗치는 경우입니다. 지나침은 모자란 것만 못한 법이지요. 약간 모자란 상태에 만족하고 그쳐야 하는 것입니다. 이른바 중용의 덕입니다.

언젠가 TV에서 이런 이야기를 들은 적이 있습니다.

"세상에서 행복지수가 가장 낮은 분들은 최고 명문 대학의 최고 인기학과를 나온 사람들입니다."

'어! 다들 잘 먹고 잘살 텐데, 왜 그럴까?'라는 의문이 들었지요. 그분 말씀은 이랬습니다. 계속 일등하며 승승장구하다 보면 올라가는 데에만 익숙해지고, 그것만이 삶의 즐거움이자 올바름으로 느껴진다고 합니다. 결국 정복해야 할 목표만 보이고, 주변의 행복은 눈에 들어오지 않은 채 지나쳐 버리고 맙니다. 뭔가를 이룬다는 것에 짜릿한 카타르시스를 느낄 수도 있지만, 꼭대기에 오르기 위해 너무나 많은 일에 얽매이니 행복지수가 뚝 떨어지는 것입니다.

공감이 되더군요. 한편 생각해 보니, 내내 일등을 추구했을 때에는 행복감이 줄어드는 것만의 문제가 아닙니다. 일등이 아닌 사람들의 견제와 시기 역시 큰 부담입니다. 나보다 많이 이룬 이들에게 딴지를 거는 일은 의외로 허다합니다. 그것은 '같이 좀 나누자.'라는 요구일 수도, 시기심이 발전하여 상대를 나락으로 떨어뜨리려는 음모나 계략이 될 수도 있습니다. 이 같은 견제에 신경이 쓰이는 것만도 큰 스트레스이지요. '군대에서는 튀지 말고 중간만 해라.'는 말도 그래서 나온 게 아닐까요? 너무 나서면 잘난 척한다고 욕먹고, 뒤떨어지면 그것밖에 못 하느냐고 또 욕먹으니 그냥 중간이 속 편한 것입니다.

저는 승자독식 사회가 이러한 세태를 초래했다고 생각합니다. 다들 하나같이 일등, 최고의 자리만 기를 쓰고 노리는데, 누가 남들 밑에서 경쟁자나 다른 사람들을 도우려 할까요? '독재자는 이인자를 키우지 않는다.'라는 명제와 같은 맥락입니다. 그 탓에 일등이 모든 것을 갖는 체제는 더욱 공고해지고, 피가 안 섞인 사람들을 다루는 수단과 경영 기법만 엄청나게 발전했습니다. 그렇게 리더의 자리에 올랐으니 다른 사람들을 바르게 이끌 생각도 못 하게 됩니다.

사회 구성원 모두가 가장 윗자리만 바라보는 사회는 건강할 수 없습니다. 100명의 사람들이 한 자리를 놓고 다투기보다 서로 다른 100가지의 일에서 자아실현을 하는 게 훨씬 바람직하지요. 비록 작은 일이라도 각자의 자리에서, 자기만의 색깔을 가지고 삶의 보람과 가치를 찾아가야 합니다. 앞으로의 사회는 그런 방향으로 서서히 바뀔 테지요. 기존 틀에서 벗어나 자기만의 분야를 개척한 개개인들이 우뚝 서는 세상입니다. 다만, 승자독식 사회든 아니든 사람들과 좋은 관계를 유지하며 살아야 하는 것은 변하지 않습니다. 사람 사는 세상이니까요, 이는 강산이 열 번을 바뀐들 변하지 않는 이치이지요.

대인 관계에서 갈등을 피하고 좋은 관계를 유지하려면 역지사지易地思之의 태도가 중요합니다. 입장을 바꾸어 생각해 보라는 말이지요. 역지사지의 마음가짐만으로도 인간관계의 많은 문제점을 해결하고 여러 불상사를 미리 막을 수 있습니다. 주위에서 내게 다가오기가 편해져 무난한 사람으로 자리매김하기도 수월해지고요.

우리 사회는 사람들 간 불신의 벽이 매우 높습니다. 정으로 뭉친 민족이라는데 참 희한합니다. 그러면서 단군 이래 가장 윤택한 나라를 만들었으니 이런 예는 세계 역사상 전무후무하지 않을까 싶습니다. 어쩌다 이런 불신의 나라가 되었을까요?

곰곰이 생각해 보는 중에 '손해를 보면 안 된다.'라는 생각이 사람들 머릿속에 꽉 들어차 있음을 발견합니다. 그러다 보니 일상에서조차 서로에 대한 불신이 깊이 깔려 있습니다. 상대방의 저의를 곱씹으며 속마음을 들여다보고자 안테나를 높이 세우곤 하지요. 서로를 못 믿고 상대의 잘못을 너그럽게 받아들이지 않다 보니 '니가 옳네, 내가 옳네!' 하며 길거리에서 언성을 높이는 모습마저 어렵지 않게 봅니다. 그렇게 따지지 않으면 사회생활에서 큰 손해라도 보는 듯 말이지요.

이런 분위기는 학교라고 해서 크게 다르지 않습니다. 예전과는 달리 학교 이사장이나 총장, 또는 보직 교수들의 일방적 지휘나 수직적 통솔이 이제는 거의 먹히지 않습니다. 고분고분했던 학생들이 목소리를 내게 된 지 오래고, 직원뿐 아니라 교수들도 근로자로서의 법적 지위를 인정받아 노동조합을 구성했습니다. 학교 운영 및 복지 향상에 학생과 교수, 교직원이 다들 큰 목소리를 내며 더 많은 것들을 요구하게 된 것입니다. 그 반대급부는 금세 나타났습니다. 우리에게 익숙한 사제 간의 끈끈한 정이나 스승에 대한 존경, 학생에 대한 신뢰 등이 옅어지고 있음을 피부로 느낍니다. 구성 집단별로 자기 목소리를 높이다 보니 학교 운영도 점점 이상해집니다.

사람은 누구든 자기 입장에서 자신의 생각을 표현할 수 있습니다. 단, 그렇게 표현하는 본인의 생각이 늘 정당하지는 않습니다. 따라서 상대의 입장은 과연 무엇이고, 내 생각과는 어떻게 다른지 이해함으로써 내 주장이 바른지를 되돌아볼 수 있습니다. 역지사지는 그래서 필요합니다.

평등주의를 기초로 다양한 색깔이 어우러진 사회일수록 역지사지의 인간관계는 중요해집니다. 가만히 보면 역지사지는 나를 위한 일이기도 합니다. 예를 들어 업무 보고서나 기획안을 작성할 때 '이 보고서를 누가, 무엇 때문에 읽을까?'라는 점을 염두에 두면 적어도 내가 말하고 싶은 것만 적혀 있는 보고서보다는 훨씬 설득력이 있을 것입니다. 덩달아 나에 대한 평가도 높아지겠지요.

상대방의 입장에서 나를 돌아보는 역지사지는 배려와는 다소 차이가 있습니다. 배려는 남을 돕거나 보살피고자 하는 마음입니다. 어디까지나 내 중심의 생각이고 자연스러운 감정인 데 비해 역지사지는 상대방이 되어 보는 것입니다. 즉 '어떤 행동을 하기 전에 상대의 생각을 읽어 보자.'라는 보다 적극적인 태도이지요. 사람은 기본적으로 상대의 입장을 헤아리는 데 익숙하지 않고, 오늘날처럼 바쁜 세상에서는 더더욱 타인의 형편을 일일이 고려하기 어렵습니다. 자기 것만 챙기는 이기주의자로 비치는 일 없이 실리를 챙기기 위해서라도 역지사지의 마음가짐은 꼭 필요합니다.

그러면 역지사지의 자세를 일상의 모든 장면에서 지녀야 할까요? 꼭 그렇지는 않습니다. 때로는 역지사지가 아니라 '지피지기知彼知己'의 태도가 필요합니다. 극단적으로 말해 세상에 좋은 사람 절반, 나쁜 사람 절반이라고 할 때 내게 나쁜 의도를 지닌 사람에게조차 역지사지의 정신을 발휘할 수는 없습니다. 이런 사람에게는 맞서야 합니다. 그러자면 '그를 알고 나를 알아야' 제대로 대처할 수 있습니다. 지피지기 백전불태知彼知己 百戰不殆란 말은 상대를 알고 나를 알면 백 번 싸워도 위태롭지 않다는 뜻이지요. 이 말은 상대와 나를 알면 항상 이긴다는 뜻은 아닙니다. 상대편과 나의 약점, 강점을 충분히 알면 최소한 지지는 않을

. . .

"나는 성가신데, 당신만 좋으면
그건 좋은 관계가 아니잖아요!"

것이라는 풀이가 맞을 듯합니다.

배려, 역지사지, 지피지기는 비슷한 듯 다르지만, 이 세 가지 덕목의 공통점은 모두 '상대를 생각하는' 데 있습니다. 상대는 내가 아니고, 내 마음대로도 안 됩니다. 그런데 '내 마음대로 해보려는' 시도는 비일비 재하지요. 말을 강가에 끌고 가서 억지로 물을 먹이려는 상황과 같습니다. 말은 당장에 물을 마시고 싶은 생각이 없는데 "내가 다 알아서 할 테니까, 너는 그냥 마셔."라고 몰아붙이는 식이지요. 비록 의도는 좋지만, 지레짐작으로 상대를 힘들게 하는 경우도 마찬가지입니다. 반려동물을 위한답시고 '개는 산책을 좋아한다.'라는 믿음에 여름이건 겨울이건 정해진 시간과 코스로 열심히 운동을 시킵니다. 하지만 개 입장에서는 추위를 잘 타거나 털이 긴 녀석, 무릎이 안 좋은 녀석 등 여러 상황을 고려해 산책을 해야 탈이 안 납니다. 집에서는 물론 회사, 조직에서도 이런 일들은 심심찮게 일어나지만, 상대를 생각해 준다는 본인만이 사안의 본질을 모르니까 문제입니다.

역지사지, 지피지기는 타인을 향해 내가 지녀야 할 처세 요령이지요. 그러면 역지사지의 관점에서, 다른 사람들은 나를 평가할 때 어떤 점들을 떠올릴까요? 내 성격과 행동의 다양한 측면을 고려해 상황에 따라 달리 평가하겠지만, 크게 보자면 '좋은 사람 vs. 나쁜 사람', 또는 '능력 있는 사람 vs. 무능한 사람'으로 압축할 수 있습니다. 즉 사람이 좋은지, 아니면 능력이 있는지 여부로 평가하는 게 보통입니다. 좋은 사람은 그 특유의 인간미 때문에, 능력 있는 사람은 '그래도 능력이 있으니까' 좋은 평가를 받습니다.

　다른 사람들의 이야기를 잘 들어 주는 이는 '좋은 사람'으로 여겨지겠지요. 상대방의 합리적인 생각을 수긍하고 받아들일 줄 알며, 서로 간의 생각 차이를 잘 조화시키고자 노력하는 타입이라면 더더욱 그렇습니다. 그는 본인의 이익보다 공공선을 추구하려는 태도로 대다수로부터 '사심이 없다, 원만하다.'는 식의 평가를 받을 것입니다. 배려와 역지사지의 태도로 사람들에게 편안한 느낌을 주지만, 결과보다는 과정을 중시하는 경향이 있어서 이런 유형을 싫어하는 사람은 '일 처리가 느리고 답답하다.'라는 불만을 가질 수 있습니다.

　이와는 달리 효율적인 방식으로 일할 줄 알며, 과정보다 결과를 중시하는 사람은 '능력 있는 사람'으로 인정받습니다. 그는 감성적이기보다 이성적이고, 의사결정이 빠르고 분명해 업무 생산성이 높습니다. 조직의 발전을 위해서는 바람직한 유형이나, 주위 사람들에게 늘 환영받는 것은 아닙니다. '일은 잘하는데, 걸핏하면 예전 방식을 뒤엎어 버리고 사람도 차가워서 영 싫어.'라고 느끼는 이들도 분명 있습니다.

　사람이 좋고 능력도 있으면 가장 이상적이겠지요. 하지만 이 두 가지 품성을 모두 갖춘 팔방미인은 사실 드뭅니다. 업무 처리에서 이 두 가지는 상반된 속성을 지니기 때문에 서로 부딪치는 것입니다. '사람들에게 따뜻하거나, 아니면 뭔가를 잘 해내거나' 둘 중 하나만 잘해도 좋게 평가받을 테니 너무 욕심을 내지 않아도 될 듯합니다. 반대로 '비인간적이거나, 능력이 아주 없거나'라는 평가는 이 중 하나만으로도 그의 가치를 팍 떨어뜨립니다. 그 사람의 장점 또한 분명히 있을 텐데, 그것마저 가리고 맙니다.

모든 사람이 모든 면에서 뛰어날 수는 없습니다. 넘치거나 부족한 면이 다들 조금씩 있는 것이지요. 그렇게 상이한 특성을 가진 사람들이 조화를 이루며 살아가는 게 세상입니다. 당연히 내게 호의적이지 않은 사람들도 있겠지만, 그 때문에 우울해할 일은 아닙니다. 나를 부정적으로 평가하는 사람들이 사방에 깔렸어도 어느 한구석에는 나를 이해해 주는 이들 역시 있을 테니까요. 결국 나에 대한 남들의 평가는 제각각인지라 모든 사람들에게 잘 보이고자 무리해 노력할 필요도 없습니다. 오히려 지나친 배려, 역지사지의 태도가 중심을 잡고 세상을 살아가는 데 방해가 되기도 합니다. 어차피 나를 싫어하는 사람은 내가 아무리 잘해도 싫어할 것이고, 사람들이 다들 욕하더라도 나를 좋아하는 사람은 그 마음이 크게 흔들리지 않을 것입니다. 저 또한 저에 대한 사람들의 평이 상반되곤 한다는 것을 익히 알고 있습니다. 남들 평가에 일희일비하지는 않지만, 사람인지라 이따금 발끈하는 일은 어쩔 수 없는 것 같습니다.

왠지 모르게 좋은 사람이 있고, 또 왠지 모르게 싫은 사람이 있습니다. 이는 나 혹은 그가 잘못된 게 아니라 서로가 잘 맞지 않을 뿐입니다. '사람이 좋거나, 아니면 뛰어나거나'라는 두 덕목의 선호도(?)도 상황에 따라 달라지곤 하지요. 난세에는 앞장서서 어려움을 헤쳐 나갈 능력 있는 리더, 세상이 평화로울 때는 그 분위기를 잘 다독거려 주는 좋은 리더가 높은 평가를 받을 것입니다. 무엇보다 그 상황에 맞게 행동하고 또 적극적으로 협조하는 슬기로움이 필요합니다. 상황과 분위기

파악을 잘 못하면 아무리 능력이 있다 한들 욕먹기 딱 좋습니다. 조직이 잘 돌아가고 있고 다들 만족해하는데, 모조리 다 바꾸겠다고 날뛰면 이내 "저 인간, 왜 저래?"라는 말이 나오지 않을까요.

사회생활에서 원만한 관계를 유지하고 좋은 평가를 받기 위해 필요한 덕목들을 여러 측면에서 살펴보았습니다만, 가장 바탕에 있어야 할 것은 사람에 대한 정情이 아닐까 싶습니다. 중용, 역지사지, 지피지기, 좋은 인성과 뛰어난 능력 등의 기본 출발점이지요. 우리나라 사람들은 더더욱 정에 이끌립니다. 서로를 이토록 불신하는 사회에서 살고 있는 우리가 정에 이끌린다고요? 앞뒤가 맞지 않는다는 생각이 들지도 모르겠습니다.

대한민국은 다이내믹하면서도 거친 사회입니다. "(밤새) 안녕하셨어요?"가 안부 인사가 될 만큼 별의별 일들이 잦아 찬찬히 주위를 돌아보며 살 정도로 마음이 느긋하지 못합니다.(사실 밤에 잠잘 때 큰일이 생긴 적이 우리 근현대사만 해도 꽤 있었지요.) 조용히 엎드려 있는데도 꼭 코를 베어 가려는 사람마저 있으니 더더욱 조심해야 합니다. 자신의 본마음과는 상관없이, 제 성질을 못 참고 말 한마디를 잘못 내뱉어 낭패를 보는 경우도 허다합니다. 바로 이 일상의 불안과 조급함이 서로에 대한 불신으로 이어진 게 아닌가 싶습니다. 대신에 당장 손에 쥘 수 있는 것에만 집중하게 되지요. 아무리 회사에서 능력을 인정받아도 지금보다 훨씬 많은 연봉을 준다면 얼른 다른 회사로 옮깁니다. 회사에 대한 기본적인 신뢰가 옅기 때문입니다. '소송 공화국'이라는 오명을 들을 만큼 고소, 고발이 난무하고도 있고요.

우리 사회의 반목과 불신이 그토록 깊은 이유는 단기간 내에 압축 성장을 해오며 '내가 먼저 살아야' 하는 상황에 내몰려 왔기 때문이라고 생각합니다. 어떻게든 상대를 이겨야 하니까 '내로남불'은 기본이요, 나 또는 우리가 아니면 안 된다는 생각으로 세뇌라도 된 듯이 편을 갈라 싸웁니다. 외세에 시달리는 좁은 땅덩어리에서 남과 북으로 갈려 싸우고, 그것도 모자라서 남쪽을 다시 동서로 나눠 싸웁니다. 매사에 유불리를 따지지 않으면 상대의 술수에 말려든다는 피해의식마저 몸에 배게 되었습니다.

살아남아야 하고 남들보다 잘살아야 하니까 그렇게 되는가 봅니다. 생존의 문제를 눈앞에 두고 배려나 역지사지, 정이 충만한 세상을 떠들 수는 없는 노릇입니다. 내 코가 석 자인데, 도덕과 나눔만 왈가왈부하는 것도 일종의 위선입니다. 하지만, 우리 사회가 조금씩 주위를 돌아보는 여유를 가질 때도 일찌감치 지난 듯합니다. 당장의 삶을 걱정해야 할 처지라면 내 앞가림부터 해야 하겠지만, 조금 숨통이 트인다면 스스로를 돌아보는 가운데 주위의 어려움에도 한 번쯤 눈길을 돌려 보자는 거지요.

가난을 헤치며 격한 투쟁의 삶을 살아야 했던 긴긴 겨울이 끝나고 우리 사회가 민주화, 경제 성장이라는 봄을 맞은 이래 한참의 시간이 흘렀습니다. 따뜻한 정으로 어두운 불신의 그림자를 조금은 옅게 할 때가 되었지요. 사실 우리들 마음에는 그러한 정이 내내 있었습니다. 싸울 때 싸우더라도 끝까지 가지 않고 조금의 퇴로라도, 최소한 먹고살 거리라도 남겨 놓는 정, 한 쪽의 콩이라도 나눠 먹을 생각을 하고 처지가 딱한 사람을 보면 뭐라도 내주려고 하는 정이 우리에게는 진작부터 있었습니다. 그것을 잊지 말아야겠습니다. 정감 있는 마음 씀씀이가 좋은 인간관계를 넘어 좋은 세상을 앞당겨줄 테니까요.

사람 냄새

우리나라 사람들은 아무리 내 일이 아니고 잘 모르는 사람이라도 안타까운 사정에 처한 이들을 보면 기꺼이 도와주려고 합니다. 나쁘게 말하면 간섭이지만, 이런 훈훈한 정이 있기에 그렇게 치고받고 싸워도 그나마 사회가 온전하게 돌아가고 사람 사는 냄새가 나지요.

인연을 소중히 여기는 정서도 여기에 한몫하는 듯합니다. 처음 만난 사람이 같은 학교, 같은 고향 출신이라는 이유만으로 반가운 마음이 듭니다. 그러고 보면 우리는 수없이 많은 관계로 얽혀 있습니다. 대단한 네트워크 사회이지요. 혈연, 지연, 학연 등으로 사람들이 거미줄처럼 얽혀 있습니다. 오죽하면 '세 사람만 거치면 대통령까지 줄을 댈 수 있다.'라는 우스갯소리가 생겼을까요.

살면서 어려움에 처했을 때 이 같은 온정과 사람 사이의 인연이 해결의 실마리가 되곤 합니다. 규칙과 질서가 엄연히 있으나, 안타까운 사정을 하소연하면 사람들은 대개 그 호소를 염치없다고 여기지 않습니다. 평소에는 사소한 일에도 목숨을 걸고 다투지만, 형편이 어려운 사람들에게는 자그마한 틈이라도 만들어 양보하고 배려하는 심성을 우리는 가졌습니다.

온정과 인연을 중시하는 태도는 농경 사회의 전통, 그러니까 대가족 중심으로 이웃과 품앗이를 하며 살아온 영향일 것입니다. 일가친척이 모여서 생활하고 농기계가 없었던 시절이지요. 가족은 물론 이웃이 한데 어울려 농사를 지어야 했으니 정이 샘솟았고, 서로 도움을 주고받는 인간관계가 중요했습니다.

이렇듯 온정이 넘치는 사회인데도 어두운 구석이 생기고야 맙니다. 원칙보다는 관계가 우선이니까 '사돈의 팔촌'이라도 연줄을 찾아 일을 해결하려는 사람들이 나오기 시작합니다. 온정주의가 개인 비리로 뒤바뀌는 순간입니다. 내가 원칙을 비껴서 요행수로 일을 처리하면 누군가 피해를 보는 사람이 있게 마련입니다. 새치기 한 번에 줄줄이 순서가 밀리는 꼴이지요. 처지가 정말 어렵다면 내 주변 사람들이야 나를 이해해 주겠지만, 직접적인 피해를 보는 사람들은 분통이 터질 노릇입니다. '쟤는 뭐야! 왜 쟤만 봐주냐고?'요. 당연한 불만입니다.

그래서인지 비리 척결과 정의로운 사회 구현을 위해 온정주의를 배격하는 움직임이 일게 되었습니다. 명분이야 옳지만 참 어려운 일입니다. 넘치는 정을 자랑삼던 우리들인데, 정 때문에 감옥에까지 갈 지경이 되었으니까요. 원칙에 어긋나는 아주 조그만 부탁도 하면 안 되고, 설사 고마운 마음에 밥을 사더라도 일인당 일정 액수를 넘지 않아야 합니다. 공정한 사회를 위해서는 피할 수 없는 처방이지만, 속내를 보자면 사실 정 때문이 아니고 '정을 빙자하는 것'입니다. 청탁 비리에 연루되어 옥살이하는 사람들조차 정 때문이었다고 변명을 늘어놓으니, 아무 죄 없는 '정 많은 심성'이 트집 잡히곤 합니다.

외국에서는 우리나라처럼 '딱한' 처지에 있는 사람을 봐주는 분위기가 거의 없습니다. 아니, 거기 사람들은 이런 급행 시스템을 아예 생각조차 하지 않지요. 대신에 기부 문화가 발달되어 있어서 힘 있는 사람들, 예컨대 VVIP에 대해 편의를 봐주며 그들의 특권을 아예 인정해 버리기까지 합니다. '합당한 대가를 지불했으니 이해한다.'라는 논리입니다. 그에 비해 우리나라 사람들은 사정이 딱한 이들의 편의를 거의 '부조리' 수준으로 봐주면서도 VVIP가 돈을 냈다는 이유만으로 특권을 챙기는 행위는 절대 용납하지 않습니다.

한 가지 재미있는 사실은, 우리나라 사람들은 소위 '갑'으로 부르는 가진 자들에게 미운털을 콕 박으면서도 정작 본인들 또한 '갑'이 되기를 열망한다는 점입니다. 평소에는 부자들을 신나게 욕하다가도 막상 부자가 되면 본인이 욕했던 똑같은 일을 하면서 "뭐가 잘못됐느냐?"라며 항변하는 식입니다. 경제적으로 윤택해지는 것 자체를 폄하하면 안 되겠지만, '내로남불'로 일컬어지는 행동과 돈이면 뭐든 다 된다는 생각이 안타깝습니다.

인연을 통한 편법이 늘 득이 되는 것 또한 아닙니다. 예전에 어느 유명한 교수님이 뇌출혈로 쓰러져 대학병원에 입원하신 일이 있었습니다. 당연히 그 교수님의 절친, 지인들이 너도나도 병원에 이런저런 편의를 위해 부탁을 넣었지요. 그렇게 도와준 덕분에 대학병원 응급실에서 중환자실로, 그리고 일반병실로 빨리 모실 수 있었습니다. 그런데 여러 의사 선생님들께 많은 분들이 부탁해서인지 환자를 돌보는 데 혼선이 생겨 병실 담당의나 간호사분들이 버거워했고, 너무 많은 분들이 병문안을 와서 교수님이 편히 요양도 못 하셨습니다. 인연이 가져다준 혜택이 나름의 대가를 치른 셈이지요.

좋은 의미로든 나쁜 의미로든, 대한민국 사회에서 인연과 인맥은 참 중요합니다. 한때 '우리가 남이가?'라는 말이 크게 회자되었듯이 동향, 동문에 군대 동기, 입사 동기를 비롯해 갖가지 이유로 본인과의 관계에 특별한 의미를 부여하곤 합니다. 하기야 사적인 연줄은 언제 무슨 일이 터질지 모르는 세상살이에서 큰 어려움에 처할 때 도움을 구할 수 있지요. 실질적인 도움이 아니더라도 사람들 간의 온정 자체가 살아가는 큰 힘이 되기도 합니다.

오래전 제 친구에게 있었던 일인데, 대학교 졸업 무렵만 해도 이렇다 할 걱정거리 없이 살던 그가 일이 잘 안 풀리게 되었습니다. 결국 시골로 낙향해 작은 가게를 하나 열었지요. 자격지심 때문일까요, 아니면 멀리 지방에 있어서인지 옛 친구들과는 거의 연락을 끊고 살았습니다. 그러다 별생각 없이 건강보험공단의 정기검진을 받았는데, 청천벽력 같은 결과가 나왔습니다. 뱃속에서 종양이 발견된 것입니다. 사안이 심각했던지라 서울의 큰 병원을 급하게 알아보았는데, 3개월 이상 수술이 밀려 진료조차 제대로 받기 어려운 상황이었습니다. 친구들과도 연락을 끊은 지 오래라 애만 태우고 있다가, 마음이 급한 나머지 용기를 내서 예전에 친했던 친구에게 어렵게 연락했습니다. 너무나 오랜만에 그것도 본인이 아쉬워서 한 연락이라 면목이 없었지요. 용건을 우물쭈물하던 찰나, 수화기 너머로 정말 반가워하는 친구 목소리에 깜짝 놀랐다고 합니다. 그를 귀찮아하기는커녕 어려운 사정 이야기를 듣더니 곧바로 여기저기 수소문해 주더랍니다. 덕분에 이틀 후에 진찰하고, 그다음 주에 바로 수술할 수 있었습니다. 친구가 그렇게 고마울 수 없었고, 한편으로는 자신 때문에 순서가 밀린 사람들에게 미안한 마음이 들더라는 말을 하더군요. 다행히 암 수술은 잘 끝났고, 그 친구는 지금 튼튼하게 잘 살고 있습니다.

수술할 수 있는 병원을 빨리 찾아준 것 외에도 한참 만에 연락한 자신을 반갑게 맞아준 친구가 그에게는 아주 큰 힘이 되었습니다. 친구든, 인연이든, 인맥이든 인간관계가 중요한 이유는 바로 이 때문이 아닐까 싶습니다. 내 어려움과 슬픔, 기쁨, 혹은 외로움을 함께 나눌 수 있으니까요. 물론 전후 사정을 잘 모르는 사람이나, 친구의 청탁을 직접 받은 병원 관계자는 부조리한 일로 여길 테니 세상일이란 늘 상대적인 것 같습니다.

세상에는 두부 자르듯 확실하게 규정할 수 없는 일들이 너무나 많습니다. 그래서 상대적인 가치와 상황을 따지곤 하지요. 똑같은 청탁이라도 아무런 인연이 없는 어려운 사람들을 도와주었다면 칭찬을 들을 것입니다. 선한 마음으로 베푸는 배려도 그때그때 상황에 따른 명백한 경계와 범위가 있습니다. 그에 따라 사람들에게 크게 피해를 주지 않는 선에서 타인에 대한 온정이 자연스럽게 제한될 테지요. 온정과 공정함이 상충하지 않고 보완되는 식입니다. 법과 원칙만 강조했을 때 메말라지는 세상을 온정이 단비와도 같이 촉촉하게 적셔 주는 것이라고 할 수 있습니다.

살다 보면 남을 위해 내가 가진 능력을 활용하거나 내 것을 주위에 나누어야 할 때가 있습니다. 언젠가 되돌려받아야 할 상황이 생길지 모르니까 나누는 게 아닙니다. 그냥 나눌 형편이 되니까 나누고, 또 다른 누군가가 훗날 내게 자신의 것을 나눠 주고……. 같은 시대, 같은 공간에서 이처럼 서로 돕고 어울려 살면 가끔은 티격태격하더라도 세상을 조금은 살맛 나게 해주지 않을까요?

그리고 이왕에 나눌 거라면 가까이에 있는 사람뿐 아니라 조금 멀리에 있는 사람들도 챙기는 게 좋을 듯합니다. 생활에 여유가 있는 사람들은 대개 주변의 아는 사람들에게만 조금씩 나누곤 합니다. 그런데 주변 사람들은 대개 나와 엇비슷한 형편들인지라 나눔의 사회적 효과가 생각만큼 크지는 않습니다. 조금만 멀찍이 보면 우리 사회에는 도움의 손길이 정말 필요한 사람들이 많이 있습니다. 비록 잘 모르는 이들일지라도 크게 도움이 되는 쪽으로 나누는 편이 낫지 않을까요? 이미 떡 서너 개를 먹어서 딱히 떡 생각이 없는 사람에게 떡을 건네면 '또 살찌겠네.'라며 불평하고 말겠지만, 정말 배고픈 사람에게 건네는 떡은 온전히 '일용할 양식'이 되어줄 테니까요. 그래서 어느 종교의 성전에도 '세상에서 가장 남루한 사람에게 덕을 베풀어라.'라는 가르침이 있는 것 같습니다.

우리는 살면서 사람들과 수없이 많은 관계를 맺습니다. 대대로 이어져 내려오는 혈연 같은 관계가 있고, 원래는 아무 관계도 아니었는데 이후로 만남이 쭉 이어지든가, 혹은 내 삶에 큰 영향을 미치지만 서먹서먹한 관계도 있을 것입니다. 이 모두가 인연이겠지요. '옷깃만 스쳐도 인연이다.'라는 말은 가슴팍의 옷을 여미는 옷깃에 스치는 것을 뜻하니 사실 보통 관계가 아닙니다. 이러한 인연들이 결국 내 삶을 만들고, 또 크게 변화시키는 요소가 됩니다.

저는 충청도 출신의 서울 토박이입니다. 서울에서 태어났지만 어렸을 때 자주 시골에 다닌 것을 구실로 그냥 충청도 사람이라고 떠들고 다닙니다. 시골에서 생활한 경험도 있어서 은근슬쩍 충청도 말투가 나오기도 하는데, 충청도 출신 친구를 소개받을 때 꽤 도움이 되지요. 당연히 충청도 관련 이야깃거리도 풍성해서 생판 모르는 동향 사람들과 빨리 친해지는 데에 보탬이 되기도 합니다. 서로가 공유할 수 있는 이야기이니까요. 그렇게 어릴 적 시골을 오가던 일은 제게 소중한 재산이 되었습니다.

아버지는 충청도 어느 양반 집안의 3남2녀 중 차남이셨습니다. 고려 시대의 충신 집안이었다는 자랑 섞인 옛날이야기를 듣곤 했는데, 지방 유지로서 속된 말로 '갑질'도 좀 했던 것 같습니다. 여하튼 집안 내력에 대한 긍지가 엄청 강하고 가풍도 엄격했습니다.

어려서 시골에 갈 때는 조금 과장해 도살장에 끌려가는 가축의 심정이었습니다. 새벽 일찍 집을 나서서 시골에 도착하자마자, 법도를 지켜야 한다며 산꼭대기부터 시작해 8대 조상의 성묘를 다 해버렸으니까요. 오전 내내 거의 산 전체를 헤집고 다녔던 듯합니다. 오후에는 동네를 다니면서 사촌 할아버지, 할머니에게 인사드리느라 바빴고요. 당일치기로 시골을 다녀오는 날에는 성묘와 인사에 지쳐 서울 가는 시간만 목을 길게 빼고 기다렸던 기억이 새록새록 남아 있습니다. 그런데 희한하게도 당일치기 시골 방문이 고문처럼 느껴지는 데 비해, 방학 때 며칠 동안 사촌 형이나 누나들과 함께 고향에 놀러 가면 그렇게 즐거울 수가 없었습니다. 성묘와 인사를 후딱 끝내고 매일같이 뒷산에 올라 할아버지, 할머니 묘소에서 뛰어놀기도 하고, 아저씨 집에서 맛있는 것을 얻어먹으며 장난도 치곤 했지요.

다만 서울에서 시골집으로 오가는 길은 '고난의 행군'이었습니다. 지금은 세종시로 탈바꿈했지만, 옛날에는 조치원에서 기차를 내려 버스를 30분 이상 타야 도착하는 쪼그만 읍내였습니다. 저희 고향은 거기서 다시 '시오리'(십 리인 4km가 넘는 거리를 충청도 식으로 어중간하게 표현하는 말) 길을 한 시간 넘게 걸어야 하는 산골 동네였는데, 이 길을 그냥 걷는 것도 아니고 선조들 업적과 동네 유래 등을 함께 가는 형이나 아저씨에게 귀가 따갑도록 들으며 갔습니다.

"여기는 삼촌이 근무하던 동네 면사무소이고, 저기 보이는 초등학교가 삼촌이 세운 학교."

"저 산꼭대기에 우물이 하나 있는데, 옛날에 여우가 살았다는 이야기가 있어."

이런 이야기부터 시작해 여기는 어떤 고기가 많이 잡히고, 이곳은 누가 세웠는데 무슨 사고가 났고 등등 똑같은 이야기를 몇 번이나 듣곤 했습니다. 이게 반복 학습이 되었을까요? 서울의 학교 친구들에게 고향의 자랑과 긍지에 대해 열변을 토하며 시골에서 들었던 이야기를 슬슬 풀어놓았던 기억이 납니다. 덕분에 저는 서울 놈이었어도 충청도 촌놈으로 놀림받곤 했습니다. 그래도 지금은 서울과 충청도 양쪽 인맥에서 저를 챙겨 주는 장점도 있고, 무엇보다 정감 넘치는 시골 생활의 추억에 마음이 뿌듯해지곤 합니다.

제 아버지의 아버지는 형제가 두 분이셨습니다. 그런데 둘째 할아버지에게는 딸만 한 분이셨기에 대를 잇고자 아버지가 양자로 입적하셨습니다. 여기에 저 역시 무녀독남이라서 졸지에 2대 독자의 '귀한 몸'이 되었지요. 외동으로 자라면 부모의 사랑을 듬뿍 받는 대신에 형제애에 목말라합니다. 즉, 외롭게 자라지요. 저의 경우는 아버지마저 중학교 때 돌아가셔서 의지할 곳이 더더욱 없었습니다. 그런데 참, 이런 상황이 엉뚱한 혜택을 주게 됩니다. 아버지를 일찍 여읜 독자는 '부선망 독자'라고 해서 요즘의 상근예비역처럼 집에서 출퇴근하는 방위병 근무가 1980년대에는 가능했습니다. '병역의 의무를 감해줄 테니 가장으로서 집안을 챙겨라.'는 나라의 배려였지요.

당시에는 그런 저를 친구들이 참 부러워했습니다. 하지만 출퇴근하면서 병역을 짧게 마치면 좋을 것 같아도, 이 역시 대가를 치러야 합니다. 군대 이야기가 나오면 괜히 주눅 들고 평생 방위라는 딱지가 붙어

다니는 것이지요. 전투방위 부대에 배치돼 나름 고생이라는 고생은 다 했는데, '전쟁이 나도 방위는 오후 6시가 되면 퇴근한다.'라거나 '유사 시 양은 도시락통으로 적의 통신을 교란한다.'처럼 방위병을 희화화하는 분위기에 슬펐던 기억이 납니다.

모든 일에는 좋든 나쁘든 대가가 따르고 연결도 되어 있는 것 같습니다. 둘째 할아버지에게 아들이 없어 독자로 입양된 아버지의 외아들로서 외톨이로 자라야 했지만, 훗날 엉뚱하게도 6개월 방위병 혜택을 누린 것처럼 말이지요. 세상일은 어떤 식으로든 쭉 이어지지만, 그 변화무쌍한 연緣을 알 수 없으니 평소에 착하게, 긍정적으로, 좋은 관계를 맺으며 살아야 하는 게 아닐까 싶습니다.

사람들과의 인연이 소중한 이유는 어려울 때 도움을 청할 수 있어서가 아니라, 만남을 통해 뭔가를 깨닫거나 내가 거듭날 수 있기 때문입니다. 미국에서 공부하던 시절에 만난 지금의 양부모도 그 같은 경우였습니다. 이십 년을 훌쩍 넘도록 인연을 이어 오고 있지요.

제가 그분들을 처음 뵌 것은 일본에서 학위를 받고 공부를 계속 이어 가고자 미국으로 간 서른한 살 때였습니다. 한국의 대기업 임원으로 재직하시다가 자녀교육을 위해 미국으로 오셔서 자리를 잡으셨지요. 흑인을 대상으로 가발 가게를 하시면서 뒤늦게 미국 대학에 진학해 회계사 자격증을 취득할 만큼 열성적이셨습니다. 회계사가 되신 후 한국 유학생들의 뒷바라지를 하시던 중에 저와도 연이 닿았습니다. 두 분 모두 깊은 신앙심에, 친척이든 이웃이든 아니면 유학생이든 어려운 처지에 있는 사람들 모두에게 도움을 아끼지 않으셨습니다. 일평생 남을 도우며 사는 삶이 몸에 배셨지요. 자제분들도 모두 훌륭하게 자라 세 남매 모두 명문대에 진학해 의사가 되었고, 이후 세 사람의 의사 며느리와 사위를 맞기까지 했습니다. 그분들은 저에게 참 자상하셨습니다. 아버지가 일찍 돌아가셨고 홀어머니 아래서 자란 저였기에 더더욱 의지가 되었는지도 모르겠습니다만, 지금도 친부모 이상의 깊은 정을 느끼고 있습니다.

형제가 없는 제가 새롭게 형제의 연을 맺게 된 분들도 있습니다. 바로 처남들입니다. 아내와 결혼한 이래 두 명의 처남과 줄곧 형제처럼 지내고 있습니다. 안타깝게도 작은처남은 젊어서 하늘나라에 갔는데, 외조카들이 친조카로 여겨질 만큼 정겨운 이들입니다. 그러고 보면 피한 방울 안 섞인 친구 몇 명도 형제 이상으로 가깝게 지내게 됐으니, 어려서 외롭게 지내온 세월의 대가를 나이가 들면서 하나둘씩 되돌려받는 것 같습니다. 늘 바쁘고 삭막해진 세상에서 언제든 부를 수 있는 사람들은 제 삶의 구원투수이지요.

지난 삶을 돌이켜보면, 세상에는 잘난 사람도 많고 돈을 많이 벌거나 훌륭한 업적을 남긴 사람, 존경할 만한 사람들도 참 많았습니다. 다들 나름대로 제 일에 몰두하며 잘 살아가고 있는 듯합니다. 그런데, 제 마음이 끌리고 세월이 흐른 후에도 좋은 기억으로 남아 있는 이들에게서는 한 가지 공통점을 발견할 수 있습니다. 그들은 모두 '사람 냄새'가 물씬 풍기는 분들이셨습니다.

친부모와 양부모, 그리고 혈연인 친형제와 그 이상의 끈끈함을 느끼는 형제 같은 친구들! 세상을 단순히 이분법으로 진짜와 가짜로만 나누어 생각하면 많은 것들을 놓치며 살 것입니다. 하늘의 인연이든 세상의 인연이든, 중요한 것은 서로 따뜻한 마음을 나누며 함께 보내는 시간이라는 생각이 듭니다. 더더욱 지금 가까이에 있는 사람들을 잘 챙기고 마음을 나누면서 살아야겠습니다.

나의 세상살이 요령

사람은 자기중심적이자 이기적인 면이 있습니다. 내가 없으면 모든 게 무의미하므로 세상의 중심은 나일 수밖에 없지요. 또 그렇게 살아가게끔 진화하기도 했습니다. 하지만 세상 사람들이 다들 제 잇속만 챙긴다면 엄청난 혼란이 생기겠지요. 법이나 도덕 같은 룰이 생긴 것도 그런 혼돈의 세상을 막기 위해서고요.

자기중심적인 본성 때문에 스스로를 객관적으로 돌아보는 데도 한계가 있습니다. 그래서 〈명심보감明心寶鑑〉에서는 이렇게 표현했는지도 모르겠습니다.

도오선자시오적道吾善者是吾賊 도오악자시오사道吾惡者是吾師

"나의 좋은 점을 말하는 이는 나를 해치는 적이요, 나의 허물을 말하는 이는 나를 위한 스승이다."

내게 아첨하거나 칭찬하는 이를 경계하고, 내 잘못과 허물을 지적해 주는 사람을 소중히 하라는 뜻이지요. 일전에 택시에서 그 같은 '스승'을 만난 일이 있었습니다.

연구소 회의가 끝나고 회식을 하게 되었는데, 음식점까지 거리가 좀 있어서 택시를 탔습니다. 마침 퇴근 시간과 겹쳐 교통체증을 피하느라 산동네 골목길로 빠졌지요. 그런데 작은 연립주택이 옹기종기 모여 있는 길을 조심스레 가는 중에 대형 세단 하나가 골목에서 갑자기 튀어나오는 바람에 다들 깜짝 놀랐습니다. 차가 크고 번쩍거리는 게 꽤 비싼 외제 차였습니다. 저는 별생각 없이 "이 좁은 동네에 저런 큰 차가 있네."라며 혼잣말로 궁시렁거렸습니다. 그렇게 얼마쯤 가다가 그전 해에 산사태가 크게 난 동네를 지날 때였습니다. 어느새 말끔하게 정리돼 있길래 기사님에게 또 한마디 했지요. "어떤 동네는 산사태가 나도 바로 공사를 해서 말끔한데, 다른 동네는 허구한 날 산사태가 나도 공사를 안 해서 사람들이 계속 죽거나 다치고 길거리도 지저분해요. 세상이 너무 불공평한 거 아닌가요?"라고요. 이 말이 나온 김에 저는 우리 사회의 양극화, 불평등에 대해 일장 열변을 토했고 기사님도 줄곧 맞장구를 쳐주시다가…… 점잖게 한마디를 덧붙이셨습니다.

"아저씨도 마찬가지예요. 아까 연립주택이 있는 산동네를 지나면서 '이런 동네에 저런 차가 있네.'라고 말씀하셨잖아요. 그 동네에 사는 사람들은 좋은 차 타고 다니면 안 되나요? 우리 모두가 겉으로 보이는 것들에 알게 모르게 차별감, 우월감을 갖고 있어요."

이 말씀에 저는 얼굴이 화끈거릴 정도로 당황스러웠습니다. 아무 대꾸도 할 수 없었지요. 평소 제가 흉보던 인간 군상의 모습이 바로 저였으니까요. 좁은 택시에 숨을 곳도 없어서 숨만 죽이고 있다가 결국 머쓱해져 택시에서 내리고 말았습니다.

'제 눈의 들보는 못 보고 남의 눈의 티끌만 본다.'라는 속담이 있습니다. 티끌은 작은 잘못이고 들보는 큰 잘못을 일컫지요. 그처럼 남의 허물을 지적하기를 좋아하지만, 정작 저 역시 다르지 않았다는 사실은 참 부끄러운 일입니다. 이것이야말로 '내가 하면 로맨스, 남이 하면 불륜'의 전형이니까요.

그래도 어쩌겠습니까. 사람은 누구도 완전하지 않으니 부족한 점을 조금씩 고치면서 살아갈 수밖에요. 일신우일신日新又日新의 마음가짐으로 하루하루 새로워질 수 있다면 이런 삶 또한 나름 의미가 있을 테지요. 간혹 의도하지 않은 말 한마디, 작은 실수가 다른 사람에게 큰 상처를 줄 수도 있으니 더욱 성찰하며 살아야겠습니다.

그런데 스스로 부족하다고 해서 세상일에 입을 꾹 다무는 것도 문제라는 생각이 듭니다. 인간이기에 부족하고 모자람은 있지만, 천방지축으로 날뛰는 악인들을 마냥 인자한 미소로 받아들여 줄 수는 없습니다. 세상의 대형 사고나 부조리 뒤에는 늘 침묵하는 다수가 있기 마련입니다. '더러워서 피하는' 점잖은 사람들이 오히려 세상을 망치는 형세라고 할까요? '내가 상관할 일이 아니잖아.', '나는 얼마나 다르겠어.'라며 불의를 외면해 버리는 것이지요. 나쁜 일에는 나쁘다고 누군가는 소리쳐야 합니다. 설사 꾸짖는 그 자신에게 얼마간의 허물이 있다고 하더라도요. 그래서 저는 마음먹었습니다! 그냥 정의감에 충만해서 살기로요. 나는 뭐 그리 잘났느냐는 생각에는 이따금 눈을 감더라도, 그렇게 마음의 소리를 따르는 편이 나을 것 같습니다.

살다 보면 '이건 아닌데.'라는 생각이 들 때가 있습니다. 특히 다른 세대의 가치관, 태도가 도무지 마음에 안 드는 일이 부지기수입니다. 그처럼 서로의 생각이 잘 맞지 않는 게 세대 간 갈등과 인간관계 불화의 근본 원인이겠지요. 실제로 우리 사회의 세대 간 갈등은 심각한 지경입니다. 단순히 태도나 옷차림, 가치관의 차이뿐 아니라 경제적 또는 정치적 이슈로도 크게 엇갈려 있습니다. 경기 침체에 따른 일자리 문제로 청년들이 아우성치고, 고령화 사회에 대한 걱정은 점점 커져 가고, 청소년과 젊은이들의 일탈이 잦아지면서 세대 간 갈등은 더더욱 '뜨거운 감자'가 되고 있습니다. 이율배반적 모습을 보일 때도 있습니다. 장년층의 일자리 버티기나 복지 혜택이 과하다고 입에 거품을 물며 비판하던 젊은 친구가 집에 와서는 부모님께 절대 직장을 관두면 안 된다고 강변하는 경우가 그렇지요. 그만큼 사는 게 팍팍한 세상이니 뭐라 하기에도 사실 좀 그렇습니다.

어느 한 젊은이가 있습니다. 그에게는 나이 지긋한 아저씨, 아줌마들의 행동이 영 꼴불견이었습니다. 옷차림이며 말이 촌스러운 것은 둘째치고 남의 이목이 있으나 마나 본인 잇속만 챙기는 행동을 보는 게 참 불편했습니다. 지하철에서 사람들 사이를 비집고 들어가 빈자리를 꿰차고, 자동차 접촉 사고에서 본인 과실이 없다고 돈을 아끼려 수리를 미룬 부분까지 막무가내로 고쳐 달라며 떼쓰는 모습들이 추하게 느껴졌습니다.

그랬던 그 사람이 세월이 이십 년쯤 흘러 예전에 자신이 흉봤던 나이가 되었습니다. 이제는 젊은 사람들의 태도가 도무지 마음에 들지 않습니다. 위아래도 없고 인사성도 없고……, 인성조차 갖추지 못해 어른들 욕이나 하면서 제 것만 약삭빠르게 챙기는 모습이 참 꼴 보기 싫습니다. 남들이 보건 말건 아무 데서나 스킨십을 하고, 회사에서도 상사를 우습게 여기며 책임지지 않고 요리조리 변명만 늘어놓으니 좋아 보일 리 없습니다. 노년 세대 또한 마음에 안 들기는 마찬가지입니다. 자신들 또래가 승진할 수 있게끔 물러날 때도 됐는데, 왜 그리 계속 눌러앉아 있는지요. 그러면서 왕년에 이랬느니 저랬느니 하는 말투가 영 마음에 들지 않습니다.

그러다 다시 이십 년의 세월이 흘러 노인이 되면 그의 독설은 또 어디로 향할까요? 아마 자신보다 나이가 적은 모든 세대일 테지요. '하는 짓들을 보니 이제 나라가 다 망했다!'라고요.

세대 간 갈등의 한 단면을 상정해 봤습니다만, 이게 우리 모습의 다는 아닐 것입니다. 사회 현상의 어느 한 부분만 확대해서 보면 그게 사안의 본질이거나 문제의 전부처럼 느껴지기 십상입니다. 특정 어젠다를 부각해 대중을 선동하는 정치가들이 흔히 써먹는 방식이니, 이를 경계해야겠습니다. 남의 허물을 잘 보는 사람들은 상대적으로 본인의 허물에는 둔감합니다. 누구에게 트집을 잡느냐에 따라 그 대상만 달라질 뿐 본인만큼은 언제나 옳다고 믿지요. '남들도 나처럼 생각할 것이다.'

라며 본인 생각을 일반화하는 우를 범하지만, 그게 잘못된 줄은 잘 모르든지, 아니면 알면서도 빡빡 우기곤 하지요.

세상은 어느 쪽에서 보느냐에 따라 달라집니다. 그만큼 다면성이 있는 것입니다. 세대 간 갈등도 그렇겠지만, 요즘 큰 사회 문제가 되고 있는 인구 감소가 오히려 일자리 부족을 해결하는 환경을 만들기도 합니다. 기업의 해외 이전 역시 인구 감소 문제에 대응하고 기업 글로벌화에 기여하는 측면이 있습니다. 사안을 어떻게 보는지에 따라 전혀 다른 양상으로 드러나는 거지요. 그러면서 세상은 아주 급격하게 변화하고 있으며, 사회를 바라보는 방식이나 가치관도 이전과는 사뭇 달라졌습니다. 크게 보자면 독점보다 분권, 독식보다 나눔의 가치가 더욱 중요해지고 있습니다. 스펙보다는 능력, 소유보다는 공유를 높이 평가하며, 시스템의 효율을 중시하지요. 이런 변화에 익숙해지고 스스로의 전문성을 갖추는 게 21세기의 바람직한 인재상인 듯합니다.

21세기로 넘어온 지 벌써 이십 년이 지났습니다. 격동의 시대를 반영하듯 '요즘처럼 편한 세상이 어딨어?'와 '머지않아 세상이 망할 것 같아!'라는 생각이 공존합니다. 본인의 처지와 입장을 바탕으로 어느 한쪽에 치우쳐서 보기 때문입니다. 장님 코끼리 만지듯 세상을 내가 보고 싶은 면만 보게 되므로, 고정관념과 선입견을 조심해야 합니다. 선입견을 버리겠다는 마음가짐만으로도 세상은 예전에 비하면 그럭저럭 괜찮아 보일 것입니다. 다만 긍정적으로 보든 부정적으로 보든 최소한 사회를 정확히 이해하려는 태도는 필요할 것 같습니다. 그러기 위해서는 뭐가 필요할까요?

첫째, 현실을 있는 그대로 보려는 자세입니다. 때로는 심사가 불편할 수도 있겠지만, 그에 얽매이지 않고 바르게 보려는 솔직함과 용기가 필요합니다. 눈을 가리려는 주위 시도에는 '돌직구'를 날려도 좋습니다. 문제를 정확하게 파악해야 적절한 대응이 가능하기 때문입니다. 의도적인 사실 왜곡, 아전인수격 통계의 신봉, 사실의 은폐 등이 상황을 호도하는 것을 넘어 사람들에게 큰 상처마저 주는 것을 수없이 봐왔습니다. 정부, 언론, 학계, 기업은 물론 개인 차원에서도 사안의 본질에 눈을 감는 일이 허다합니다. 잘못된 것이 있으면 고쳐야 할 텐데, 그 첫걸음이 바로 문제를 '있는 그대로' 받아들이는 것입니다.

둘째, 세상사가 아무리 상대적인 가치에 의해 결정된다고 해도 나의 중심을 지킬 수 있어야 합니다. 나 자신, 우리, 우리나라가 중심을 잡고 바로 서야 주변 온갖 문제의 실마리가 풀리는 것이지요. 상대적 가치를 존중한다거나 남을 배려한답시고 이리저리 끌려다니다가는 일은 일대로 안 풀리고, 상대의 의도에 휘말릴 우려마저 있습니다. 나의 중심을 잡아줄 배움과 삶의 경험은 그래서 중요하고, 평생 공부의 당위성 또한 여기에서 나온다고 하겠습니다.

물론 이런 덕목들이 모든 사안에 통용되지는 않을 것입니다. 내 딴에는 소신껏 던진 '돌직구'가 문제 해결은커녕 상대방에게 상처와 그로 인한 '원한'을 남길 수도 있으니까요. 그만큼 사람에 대한 경험은 중요하고, 또 어려운 것 같습니다.

땅속으로 가라앉아 보이는 건물(몽마르트르 언덕, 프랑스)

· · ·

보이는 게 전부는 아니지요.
돌이켜보면 좋았던 게 항상 좋지 않고,
실패가 늘 나쁘지만은 않았듯이……

배운 만큼 자라고 아픈 만큼 성숙해지는 법입니다. 그런데 많이 배우고 많이 아팠던 경험을 통해 뭔가를 깨닫지 못한 채 자기만족이나 합리화에 머문다면, 그래서 삶에 아무런 도움이 되지 못한다면 죽은 지식을 쌓은 것과 다를 바 없습니다. 그렇다고 삶의 지혜, 혹은 세상살이를 통찰한다는 게 무슨 대단한 인생 노하우라고는 생각하지 않습니다. 삶의 지혜는 어디서든 찾을 수 있습니다. '살아 보니까 그렇더라'는 깨달음, 희로애락의 감정, 친구와의 술자리에도 세상살이의 힌트가 숨어 있지요. 책에 쓰인 지식 역시 모든 것을 해결할 수는 없지만, 적어도 불필요한 노력을 조금은 줄여줄 것입니다.

예컨대 살아오면서 이따금 느끼는 '살아 보니까 그렇더라.'는 이렇습니다. 몇몇은 제가 좋아하는 선배 교수님이 귀띔해 주셨지요.

1. 돈으로 행복을 살 수는 없다. 하지만 돈이 없으면 생기는 불행한 일은 하나둘이 아니다.
2. 사람은 대부분 변하지 않는다. 설령 변한 것 같아도 겪어 보면 원래 그런 사람이었을 뿐이다.
3. 세상은 내 마음대로 안 된다. 그렇다고 포기하면 결국은 내 손해다.

4. 편하고 쉬운 일은 없다. 혹시 운이 좋아 그런 일을 찾았더라도 결코 오래가지 못한다.

5. 사람은 거의 다 이기적이다. 이기적이지 않은 사람은 이기적인 속내를 잘 감추고 있을 뿐이다.

6. 건강이 최고다. 먹는 즐거움을 위해서라도 치아 관리는 젊을 때부터 해야 한다.

7. 술은 힘들거나 슬플 때 마시면 더 맛있다. 그래서 적당한 선에서 잔을 내려놔야 한다.

8. 나이가 많다고 지혜롭지도, 어리다고 어리석지도 않다. 생각은 서로 다른 게 당연하며 그 평가는 주위 사람들이 한다.

9. 이기면 당장은 이익이지만 갈수록 근심이 쌓이게 된다. 지면 당장은 손해를 볼지라도 갈수록 마음이 편해진다.

10. 거짓말은 언젠가 드러난다. 내가 나를 속일 수도 없으니, 약은 거짓말보다는 무모한 솔직함이 낫다.

11. 빠르고 느림보다는 '하고 안 하고'가 인생에서 훨씬 중요하다. 따라서 뛰기보다 꾸준히 걷는 게 낫다.

12. 사람은 혼자서 살 수 없으므로, 조금씩 손해 보더라도 양보하며 사는 게 서로에게 이익이다.

13. 세상에서 제일 힘든 것은 내가 힘들 때다. 누구도 나를 대신할 수 없으니 스스로를 믿고 의지해야 한다.

14. 칭찬보다는 꾸중을 깊이 새겨라. 칭찬은 자만으로, 꾸중은 사려 깊음으로 내게 돌아온다.

15. 아무리 안 좋은 일도 시간이 지나면 잊힌다. 그러니 잊힐 때까지는 최대한 바쁘게 지내라.

16. 안 하고 후회하기보다 하고 나서 후회하는 게 낫다. 시도와 후회마저도 다 경험으로 남으니까.

17. 의욕은 장점이지만 지나친 것은 좋지 않다. 지나친 의욕은 오히려 단점이 된다.

18. 당장 이길 수 없다면 버텨야 한다. 버티는 한 적어도 나는 진 게 아니다.

19. 덜 먹고 많이 움직여야 살이 빠지고, 조금 생각하고 빨리 잊어야 삶이 편안해진다.

20. 인생의 진짜 축복은 잘생기거나 예쁜 얼굴이 아니라, 잘 웃고 변을 잘 보는 것이다.

사랑하며 산다는 것

저는 발생공학 전공자로, 수의과대학을 나온 수의사이기도 합니다. 이제껏 실습용 동물에 수없이 '칼질'을 해왔고, 학문 발전이란 미명 아래 수백 마리나 되는 생쥐들을 순식간에 하늘나라로 보내기도 했습니다. 실습이 끝난 후에 별의별 방식으로 동물들을 안락사시키면서 "왜 빨리 숨이 안 끊어지지?"라며 동료들과 태연히 말을 주고받았던 기억도 있고요.

그랬던 제가 언제부터인가 학대나 교통사고를 당한 반려동물을 다루는 TV 프로그램을 못 보게 됐습니다. 기분도 착 가라앉고 가슴이 아려서입니다. 이제는 유튜브, 포털 사이트에서 불쌍한 동물 이야기의 제목만 봐도 얼른 다른 페이지로 넘깁니다. 연구실에서 안락사를 기다리는 생쥐를 보기도 힘들고, 야생의 세계에서 잡아먹히는 동물, 심지어

횟감으로 식탁에 오르는 살아 있는 생선을 비롯해 날고, 걷고, 헤엄치는 모든 녀석들의 안타까움이 눈에 들어오는 것조차 겁이 날 지경이 되었습니다.

목장에서 소를 키우는 분들의 애틋한 마음도 알게 됐습니다. 도축장에 출하할 무렵에는 소와 눈을 못 마주치지요. 학교 목장에서 키우는 송아지에게 아저씨들이 사료를 주려고 가면 마치 강아지처럼 껑충껑충 뛰면서 모여듭니다. 그렇게 정이 든 녀석들이 커가면서 더 똑똑해지고 나름의 감정 표현도 하면서 아저씨들과 교감합니다. 그런데 다른 집에 시집 장가보내는 것도 아니고, 목숨을 빼앗는 곳으로 보내는데 마음 편할 사람이 있을까요?

목장장으로 부임해 학교 실험 목장 직원들과 함께 일하기 전에는 그런 마음을 잘 알지 못했습니다. 제가 그 보직을 맡은 직후에, 맞춤형 정육 공급 프로그램을 기획한 일이 있었습니다. 양질의 단백질 식품 공급과 수익을 극대화하려는 사업의 일환이었지요. 당시는 교육, 연구, 기업 간 협력이 어우러지는 융복합 트렌드를 따른다며 학교들마다 5차, 6차 산업을 성장 동력으로 육성하려는 분위기가 한창이던 때였습니다. 소 한 마리가 태어나서 출하될 때까지 걸렸던 모든 질병과 치료 기록, 사료 선정과 사육 과정 등 이력 전부를 소비자에게 제공하며, 주문형으로 소를 키운 후 품질(고단백 저지방, 마블링 우선 또는 특수영양성분 함유 등)이 확인된 제품만을 엄선하여 공급하는 프로그램이었지요. 처음에는 소비자 중심 트렌드에 맞춘 제품 신뢰 확보와 고수익을 기대할 수 있는 마케팅 아이템을 개발했다고 뿌듯해했습니다. 하지만 이런 의도로 후속 작업을 열심히 추진하다가 얼마 후에 모든 것을 덮고 말았습니다. 소에 대한 사육사 아저씨들의 마음을 알게 되면서 저 또한 마음이 많이 불편해졌기 때문이었습니다. 사상누각, 아니면 탁상공론이랄까요. 내가 정을 주며 키운 녀석을 내가 잡아먹히게 한다는 죄스러운 마음부터 드는데, 이런 상태로 마케팅을 할 자신이 없었습니다. 식용 동물인데 처음부터 정을 안 주면 되지 않느냐고요? 정을 주지 않으면 송아지들은 잘 크지 못합니다.

사람은 정이 많으면서 한편으로는 잔인하기도 한 이중성을 지닌 듯합니다. 야생의 세계에서 먹이 사냥을 하는 동물을 잔인하다고 하지는 않으니, 사람들이 육식을 하는 행위 자체를 뭐라 할 수는 없습니다. 하지만 자기 욕망을 채우고자 동물을 괴롭히거나, 오로지 수익성만을 목적으로 열악한 환경에서 동물을 키우며 상식 밖의 방법으로 도축하는 일들은 비난받아야 마땅합니다. 짧은 기간이나마 세상에서 행복하게 살 권리를 그들은 분명 가지고 있습니다.

반려동물에게는 온갖 정을 다 주면서, 제 울타리 밖의 아이들에게는 잔인한 행위를 일삼는 경우를 어쩌다 보곤 합니다. 반려묘에 대한 사랑과 길고양이에 대한 끔찍한 학대가 공존하는 세상입니다. 반려동물을 기르는 사람이 유기견이나 길고양이를 학대하는 일이야 없겠지요. 하지만 이들 모든 행위의 합집합인 곳이 세상입니다.

얼마 전 시골 카페를 가다 줄에 묶여 있는 강아지를 보았습니다. 어찌나 사람을 잘 따르는지, 저를 보며 깡충깡충 뛰고 핥고 몸을 뒤집으며 애정을 표현하는 녀석이 예뻐 보이면서도 불현듯 측은한 마음이 들었습니다. '제발 천수를 다하거라. 잡아먹히지 말고.'라며 기도했지만, 짠한 마음은 어쩔 도리가 없었습니다.

사람에 대한 애정과 동물에 대한 사랑이 크게 다르지 않은 듯합니다. 사랑한다고 말하면서도 상대에게 내내 무관심하거나, 지나치게 집착하거나, 심지어 손찌검까지 하는 경우가 있지요. 사랑은 기본적으로 상대를 위하는 마음이 바탕에 깔려 있어야 하는데, 상대의 마음을 보지 않고 내 사랑에만 집중하면 갖가지 문제가 생깁니다. 이처럼 비뚤어진 사랑은 동물에게도 예외가 아닙니다. 쉽게 말하면 이런 거지요. "나는 강아지를 사랑합니다. 내 마음에 들 때만."

저는 어려서부터 동물들을 아주 좋아했습니다. 혼자 자라서 그랬을 수도 있고, 아니면 날 때부터 좋아하는 마음을 타고났는지도 모르겠습니다. 여하튼 동물들이 좋아서 수의과대학에 들어갔고, 수의사가 되었고, 동물 실험을 하며 지금도 동물과 관련한 일을 하고 있습니다.

강아지를 처음 키운 것은 초등학교 때였습니다. 친구네 할아버지에게서 늙은 치와와를 얻어다가 '루비'라는 이름을 지어서 키운 게 시초였지요. 이후에도 여러 동물을 길렀는데, 한번은 유난히 좋아했던 잡종 강아지가 마당에 놓인 쥐약을 먹고 죽은 사건이 있었습니다. 너무 슬퍼서 온종일 울었던 기억이 지금도 생생합니다. 중학교 때에는 길거리에서 주운 검은 고양이를 키우다가 아버지가 돌아가시면서 포기하고, 이후로 마흔이 될 때까지는 동물을 기르지 않았습니다. 아, 그러고 보니까 대학원에 다닐 때 연구실에서 마우스 두 마리를 데려와 잠시 키운

적이 있습니다. 마찬가지로 연구실에서 데려온 햄스터를 한동안 기르기도 했고요.

마흔 살 이후부터는 유기견만 데려다 키웠습니다. 누가 학교 목장에 맡긴 두 살짜리 코카 스패니얼 '사랑이'를 데려와 키운 것을 시작으로, 친구의 동물병원에서 데려온 네 살짜리 시츄 '콩이', 화농성 피부염이 심해 안락사 직전까지 갔던 2개월령 골든 리트리버 '치즈', 그리고 유기견으로 지방 동물병원에서 보호하던 네 살 말티즈 '호빵이' 등등이었습니다. 그중에 사랑이와 콩이는 하늘나라로 보냈고, 지금은 어느새 여섯 살이 된 말썽꾸러기 치즈와 비슷한 또래의 호빵이, 두 녀석을 가족으로 데리고 있습니다.

이처럼 제 동물 식구들과의 사연을 말씀드리면 〈동물 농장〉 같은 방송에 나옴 직한, 유기견과 동물을 사랑하는 모범 교수로 저를 보실지 모르겠습니다. 하지만 제게는 차마 말하지 못하는 '흑역사'가 있습니다. 동물을 기른답시고, 한편으로는 못된 짓을 서슴지 않았던 저의 또 다른 모습이지요.

어릴 적에 새로 키우기 시작한 금붕어를 루비가 다 먹어 치운 일이 있었습니다. 얼마나 화가 나던지 그 힘없는 녀석을 깨갱거릴 때까지 때렸습니다. 중학교 때는 길에서 데려온 고양이를 다시 내버리기도 했고요. '주워온 검은 고양이가 재수 없어서 아버지가 돌아가셨다.'라는 집안 어른의 꾸중을 들은 직후였습니다만, 이유가 어찌 됐든 버리지는 말았어야지요. 연구실에서 데려온 마우스나 햄스터를 감당이 안 된다며 산에 버리거나 안락사시킨 '만행'마저 있었습니다. 강아지들을 훈련시

사랑이

콩이

호빵이와 치즈

무지개 나라로 떠난 사랑이(코카 스패니얼)와 콩이(시츄)……
그리고 지금 함께 살고 있는 호빵이(말티즈)와 치즈(골든 리트리버)

키겠다며 엄하게 다루거나 말을 안 들으면 체벌을 가하기도 했으니, 당시에 동물보호법이 있었다면 아마 현행범으로 체포되었을지도 모를 일이지요.

나이가 든 다음에도 동물보다는 제 감정을 우선하곤 했습니다. 사랑이가 많이 아파서 병원에 데려가는 중에 차에 둔 노트북을 깔고 앉아 발톱으로 흠집 냈다고 그 아픈 아이를 혼낸 적이 있습니다. 그때 그 녀석은 영문을 모른 채 저를 물끄러미 바라보며 "내가 아픈데 아빠, 왜 그러세요?"라며 원망의 눈초리를 보이는 듯했습니다. 지금까지 잊히지 않는 모습입니다.

이런 기억이 떠오를 때면 그 아이들에게 미안해서 어쩔 줄 모르겠습니다. 아내에게 이런 속마음을 이야기하면 "그래도 강아지들을 좋아하고 잘해 주잖아?"라며 대수롭지 않게 받아넘깁니다. 하지만 마음은 여전히 힘들고, 이미 하늘나라에 가버린 아이들에게는 더더욱 죄스러운 마음이 듭니다. 내내 마음의 빚으로 남을 테지요.

사랑이가 늙었을 때 데려온 콩이에게 흠뻑 정을 쏟은 것도 동물에게 못되게 굴었던 미안함을 조금이라도 만회하려는 마음이었을까요? 이 녀석은 옛 주인에게 학대받은 강아지였습니다. 그 조그만 녀석을 추운 마당에 묶어 두고 밥도 안 주며 학대하다가 동네 주민의 신고로 동물구조협회에서 구했다고 들었습니다. 구조할 때 심장사상충 감염이 심하고 몸이 만신창이였는데, 조금씩 건강을 회복할 수 있었답니다. 그러고 나서 1~2년 동안 임시보호자 집에서 지낼 때는 힘이 약해 다른 튼튼한 녀석들을 피해 다니며 구박도 많이 받았던 듯합니다. 저희 집에 데

려왔을 때는 기가 팍 죽어 있었고, 심장사상충 후유증으로 잘 걷지도 못했습니다.

저는 그 녀석에게 온갖 정성을 쏟았습니다. 산책할 때 걷다가 지치면 안아서 데리고 다니고, 조제 사료를 사서 꾸준히 먹였습니다. 콩이는 귀찮았을지 모르지만, 늘 제 품에서 재우려고 했고요. 다행히 콩이는 건강이 좋아지고 기도 살아나서, 함께 기르던 순둥이 사랑이와 함께 밖에 데리고 나가면 다른 녀석들에게 적극적으로 대시하기도 했습니다. 그렇게 콩이와 함께한 10년은 제게 큰 행복이었습니다만, 나이가 들면서 콩이의 심장이 다시 문제를 일으켰습니다. 고질병인 녹내장이 생겨 앞을 못 보게 되었고, 급기야 폐와 신장도 나빠져 일 년전에 하늘나라로 떠났습니다. 콩이는 죽기 며칠 전부터 혼수상태였다가 제 품에 안겨서 숨을 거두었습니다. 숨이 멎기 직전에 목을 쓰다듬어 주니까 좋다며 그르렁거리던 모습이 지금도 눈에 아른거립니다.

기쁨과 슬픔, 아픔을 느끼는 것은 동물이라고 사람과 크게 다르지 않습니다. 사랑은 상대에게 정성을 다하려는 마음이라는 걸 조금은 깨닫습니다. 굳이 말하지 않아도 상대가 기쁘면 내가 기쁘고, 상대가 슬프면 내가 더 슬퍼지는 마음이 아닐까 싶습니다.

사람이 나이가 들어 감성이 바뀌는 것은 성호르몬의 영향이 크다고 합니다. 남녀 모두 중년 이후에 성호르몬 분비 패턴이 바뀌어서 여성의 몸에서는 남성 호르몬이, 남성의 몸에서는 여성 호르몬이 상대적으로 더 많이 분비되기 시작합니다. 그 결과 정도의 차이는 있지만, 남성은 좀 더 여성적이 되고 반대로 여성은 좀 더 남성적이 됩니다. 그래서 인지 요즘 슬픈 드라마를 보면 저도 모르게 눈물이 나곤 합니다. 이제 더는 동물 실험을 못 할 것 같고, 아예 생각도 하기 싫어졌습니다. 실험 동물들의 눈을 보면 사랑이에게 못되게 굴었던 제 모습이 떠오르고, 어떨 때는 도축장으로 떠나는 소 생각이 나기도 합니다. 혹자는 반려동물을 키우는 게 사랑하는 사람들과의 이별을 준비하는 데 도움이 된다고 하는데, 굳이 그런 경험을 하고 싶지는 않습니다. 반려동물을 키우면서 느끼는 포근함과 마음 든든함이 더 소중하니까요.

동물이 아닌 사람끼리도 이처럼 서로를 아끼고 그리워하며 사는 모습이 가능할까요? 많이 어려울 것 같습니다. 사람은 반려동물처럼 누군가에게 헌신하기가 쉽지 않습니다. 오히려 그 때문일까요? 이따금 남이 나에게 베풀어준 정성이 힘이 되곤 합니다. 내가 베푸는 작은 호의 또한 누군가에게는 위로가 되겠지요? 가까운 사이가 아닌 상대라면 뜬금없는 호의가 난감할 수도 있지만, 친근한 관계는 이렇게 시작되는 법이지요. 굳이 친한 사이가 아니더라도 따뜻한 말을 건네고, 아무 사심 없이 서로의 마음을 나누려는 태도가 필요할 것 같습니다. 더불어 살아가야 하는 세상이니까요.

앞으로의 세상은 시스템이 많은 것들을 장악하게 될 것입니다. 사람이 자동차를 운전하는 대신에 자율주행 자동차가 땅에서 달리든 하늘을 날아다니든 하겠지요. 인공지능의 발달로 의사, 교사, 서비스직, 제조업 종사자의 영역이 줄어드는 등 인간이 했던 수많은 일들을 기계나

인공지능이 대신하는 시대가 성큼 다가왔습니다. 그렇게 될수록 사람은 더 그리워지지 않을까요? 그 때문에라도 마음을 나누는 법을 잘 배워 두어야 할 것 같습니다.

요즘 학생들과 대화해 보면 '크렘린' 형으로 사는 친구들이 참 많아졌다는 생각이 듭니다. 도무지 무슨 생각을 하는지 잘 모르겠고, 어떤 행동을 했을 때 그 진의를 파악하는 데 애를 먹곤 합니다. 소통하지 않는 것을 아예 자신의 색깔로 만들어 버리니까요. 하지만 친구조차 미덥지 않아 속마음을 터놓지 못하고 혼자서 끙끙 앓다가 심하면 우울증에 빠질 수도 있습니다. 그런 친구들에게 저는 '속는 셈 치고 그냥 한번 질러봐!'라고 말해 주는 편입니다. 그러면서 행여 있을지 모를 '배신에 대한 대책'도 덧붙입니다.

"친구라는 생각이 들면 그냥 눈 딱 깜고 속마음을 털어놔 봐. 사람은 자신이 누군가에게 도움이 되면 그것만으로 상대에게 호감과 애착을 갖게 돼. 그가 나를 감싸 주거나 내 문제를 함께 고민해 준다면 둘은 앞으로 더 친해질 거야. 하지만 그 친구가 내 아픈 곳을 떠벌리고 다니거나, 나에 대한 뒷담화를 한다면 그때부터는 아예 상종을 하지 마. 내 딴에는 친한 친구로 여겼는데, 그런 짓을 한다면 크게 잘못된 거니까. 자네가 받을 충격이 크기는 하겠지만, 깊이 친해지기 전에 그런 일을 당할 테니 피해는 생각보다 크지 않을 거야. 정말 좋은 친구를 얻는 대가치고는 남는 장사인 거지!"

문제가 있으면 우선 밖으로 꺼내 놓는 게 중요합니다. 그래야 뭐라도 해결책이 보이기 때문입니다. 세상에 공짜는 없고 호미로 막을 것을 가래로 막는 경우도 허다하니, 너무 깊이 생각하지 말고 우선 저질러 보는 것입니다. 기회는 늘 찾아오는 게 아니고 우물쭈물하다가는 죽도 밥도 안 될 테니까요. 더욱이 '밑져 봤자 본전'인 경우에는 하지 않을 이유가 없습니다. 대인 관계에서 실천을 방해하는 가장 큰 걸림돌은 겸연쩍거나 창피함 같은 소심한 마음이지요. 그래서 우선 저질러 보라는 말씀을 드리는 것입니다. 그 고비만 넘으면 의외로 일이 술술 풀리는 경우가 많으니까요.

'헷갈리면 일단 저지르고 볼 것!', 복잡한 세상을 조금은 마음 편하게 살아가는 실마리를 제공할 것입니다.

살아가면서 정말 중요한데, 학교나 책 어디에서도 배우기 힘든 게 있습니다. 마음을 나누는 법입니다.

마음을 나눔으로써 자연스럽게 사람들 사이에 네트워크가 만들어지고, 그를 통해 삶을 역동적으로 즐길 수 있습니다. 사람들에게 둘러싸여 있으니 사람 냄새도 물씬 풍기겠지요. 이 같은 소통을 기계가 따라오려면 멀어도 한참 멀었습니다. 언젠가는 기계나 시스템도 그런 재주를 배우겠지만, 그때가 오면 인간이 가진 또 다른 속성이 기계들은 바로 극복하지 못할 한계가 될 것입니다. 수십, 수백 년이 지나도 여전히 사람이 소중한 까닭 중 하나이지요.

여섯 살이 되어 얼굴에 하얀 털이 제법 많이 올라온 골든 리트리버

'치즈'와, 그런 치즈를 예뻐하면 약이 올라 어쩔 줄 몰라 하는 말티즈 '호빵이', 그리고 주위 사람들에게 좀 더 정성을 다해야겠다는 생각이 듭니다. 조금 부족하고 가끔 실수를 하더라도 나 자신과 이웃에 대한 정성이 삶을 윤택하게 하고, 세상살이의 보람도 찾아주겠지요. 어느 시간, 어느 공간에 살더라도요.

바다 너머에서 본 한국, 한국인

우리나라와 국경을 맞대고 있는 나라는 북한이 유일하지만, 바다를 포함해 영토 분쟁이 생길 만큼 거리가 가까운 나라로는 중국과 일본이 있습니다.

이들 두 나라는 역사적, 문화적으로 우리와 밀접한 관계가 있지요. 연변과 연해주 지역은 고구려 및 발해의 영토이기도 했고, 특히 연변은 중국 정부가 한인의 자치를 허락할 정도로 한민족이 많이 살고 있습니다. 일본 역시 예전부터 우리 문화와 사람들이 많이 넘어갔고, 오늘날에도 민단과 조총련 같은 한인 단체가 전국적으로 자리 잡고 있습니다. 우리 국사 교과서에는 거의 전 시대에 중국과 일본 이야기가 끼어듭니다. 이들 지역에 우리나라와 관련한 지명이 많이 남아 있는 것을 보더라도 우리와는 떼려야 뗄 수 없는 나라들입니다. 그러나……

수천 년을 함께해온 역사이지만, 이 두 나라와의 감정은 사실 그리 좋지 않습니다. 이웃한 나라로서 유대감은 있지만 서로를 인정하기보다는 갈등과 문제의 온상으로 보는 시각이 우세하지요. 개인적인 친분이 있더라도 국가 간 문제에서는 감정이 앞서는 일이 많고, 특히 일본과는 축구 한일전에서 진영을 정하기 위한 가위바위보조차 져서는 안 된다는 우스갯소리가 있기까지 합니다.

사람은 나고 자란 환경이 다르면 성향도 달라지기 마련입니다. 한중일 사람들도 마찬가지이지요. 세 나라의 민족성을 비꼬는 재미있는 이야기들이 많습니다. 일례로 한국 사람은 사고를 친 다음에 생각하고, 일본 사람은 사고를 치기 전에 생각하고, 중국 사람은 아무 생각 없이 사고를 한꺼번에 몇 개씩 친다고 하네요. 이렇듯 국민성의 차이는 분명 있을 텐데, 상대의 흉을 보더라도 제대로 이해하는 게 먼저여야 합니다. 좋은 싫든 이웃하며 살아야 하는 나라이니까요. 더욱이 한중일은 정치 및 사회 체제는 상이하지만, 같은 문화권이므로 우리의 현주소와 장단점을 바로 보는 데 적잖은 도움이 되기도 합니다.

먼저 일본! 예로부터 선진 문화를 전수해 주었다는 자부심과 멀리는 임진왜란, 가깝게는 일제 강점기 때 그들에게 당한 아픔이 있어 미묘한 감정을 가질 수밖에 없는 나라입니다. 사실 백제에서 건너간 사람들이 일본을 일으키는 데 크게 기여했고 유전적으로도 가장 가까운 민족이니 형제국으로 여길 만도 한데, 현실은 다릅니다. 미국과 중국 다음의 경제 대국(GDP 기준)이기는 해도 '일본을 우습게 여기는 나라는 세계에서 오직 한국뿐'이라는 말이 있듯이, 우리에게 일본은 극복해야 할 대상이자 라이벌로 각인되어 있습니다.

우리나라와 일본 사람들의 가장 큰 성향 차이는 자신감과 배려라고 생각합니다. 우리는 세상살이의 덕목으로서 '자신 있게 살아가는 것'을 중시합니다. 그에 비해 일본 사람들은 어려서부터 주위 이웃을 '배려' 하는 교육에 큰 의미를 둡니다. 자신감이 바탕에 깔려 있으니 우리나라 사람들은 참 열정적입니다. 뭔가를 해야겠다는 판단이 들면 죽을 둥 살 둥 열심히 합니다. 정말 대단한 추진력이지요. 우리 가정 교육의 핵심 또한 자식들이 이 험한 세상에서 기죽지 않고 살게끔 자신감을 심어 주는 데 있습니다. 자식이 밖에서 얻어터지고 오면 부모부터가 참지 못하고 달려가서 상대방 부모와 한바탕하고 봅니다. 내 가족을 지켜야 한다는 마음이 앞서기 때문이지만 넘치는 자신감은 충돌과 반목을 만들어 내기도 하고, 쉽게 달아올랐다가 금방 식어서 '냄비 근성'이라는 비아냥도 듣곤 하지요.

자신감이 넘치지만 끈끈한 정이 있다는 것 또한 우리의 장점입니다. 요즘에는 분위기가 조금 달라졌지만, 사람을 미워할 때는 미워하더라도 그가 막상 사지에 내몰리면 기꺼이 손을 내밉니다. 아무리 미워도 '다 식구가 있는 사람들인데.'라는 마음이 들고 '어쩔 수 없었겠지. 나도 그랬을 테니.'라며 상대를 이해해 보려고도 합니다. 저는 이런 마음이 서로 견해가 나뉘어 죽자사자 싸워도 나라가 망하지 않고 우리 사회가 지켜지는 이유라고 믿습니다.

한편 일본 가정 교육의 기본 개념은 타인을 배려하라는 뜻의 '오모

이야리思いやり'에 있습니다. 남에게 절대 폐를 끼치지 말아야 하며, 공동체 내의 화和를 중시하지요. 화는 어울림의 정서로 이해하면 되는데, 한국인의 정情에 비견된다고 하겠습니다. 나보다는 이웃, 그리고 공동체를 우선시하는 덕목입니다. 오죽하면 세상에 아무런 도움을 못 주는 자신이 미워 극단적 선택의 충동을 느낀다는 사람들마저 있으니, 한국과는 아주 판이한 정서이지요.

이런 성향 때문인지 일본 사회는 지나칠 정도로 정리가 잘 되어 있습니다. 지진과 해일 같은 재해가 발생해도 매뉴얼대로 냉철하게 잘 대처합니다. 일찍이 봉건 시대부터 군주나 영주의 명에 복종하면 전쟁과 자연재해에서도 목숨을 부지할 수 있었기에, 본인의 생각을 접고 지도자나 공동체의 뜻에 따르는 국민성이 오랜 세월에 걸쳐 형성되었나 봅니다. 어떻게 보면 참 괜찮은 국민성이나, 피 흘려 민주주의를 쟁취한 경험이 없고 개인의 정치 참여 의식이 매우 낮습니다. 그릇된 정치 권력의 의도에 휩쓸리기 쉬워서 지난 역사를 보건대 이웃 나라들에 큰 고통을 주곤 했습니다. 그 밖에도 강한 사람에게 약하고 약한 사람에게 강한 점, 우리와 남을 구분 지어 차별하는 배타성, 집단을 중시하다 보니 개개인의 창의성이 낮아 사회나 산업 변화에 굼뜨게 대응하는 등의 특성이 있습니다.

집단보다 개인의 생각과 자유, 자신감을 내세우는 우리나라는 늘 시끄럽습니다. 도대체 참지를 못하지요. 남을 대하며 의심부터 하고, 내가 조금이라도 손해를 보면 누구에게나 맹렬히 항의합니다. 생각이 다른 집단끼리 부딪치고, 반목하고, 때로는 몸싸움도 마다하지 않습니다.

국회에서조차 멱살잡이를 하고 회의장에서 연장, 최루탄 등이 난무하던 때가 있었지요. 대통령치고 임기 후 일신이 편안한 사람이 여태 없었고, 내로남불의 사고는 정치뿐 아니라 사회 전반에 독버섯처럼 퍼져 있습니다.

우리의 이 같은 성향은 역사적으로 고달팠던 삶의 영향이 큰 듯합니다. 수없이 많은 외침과 내분을 겪으면서 각자도생各自圖生의 처세가 몸에 밴 결과이지요. 그 와중에 지도층은 백성에게 그다지 믿음을 주지 못했습니다. 전쟁이 나면 먼저 도망칠 궁리를 하기에 바빴고 좀 먹고살 만하면 갖은 수탈을 일삼았습니다. 그 폐해는 온전히 백성의 몫이 되어, 이 같은 삶이 천 년 넘게 이어지다 보니 서로 간에 또는 상대 진영에 대한 불신이 뿌리 깊이 박혀 있습니다. 아이러니하게도 '각자도생'의 처세는 우리의 생존력과 경쟁력만큼은 높여 주었습니다.

일본 사람들은 속내를 잘 내비치지 않습니다. 술 마실 때 정치 이야기를 절대 하지 않고, 어쩌다 하더라도 본심을 여러 겹으로 감춥니다. 함께 마시는 사람의 정치 성향에 따라 그가 불편해할 것을 염려하기 때문입니다. 우리나라요? 정치 이야기가 없으면 술판의 재미를 못 느끼는가 봅니다. 정치 성향이 비슷하면 한쪽을 몰아붙여 욕을 해대며 스트레스를 풀고, 성향이 다른 친구끼리는 핏대를 세워 가면서까지 자기주장을 내세웁니다. 그렇게 두 번 다시 안 볼 것처럼 싸우다가도 다음 날에는 언제 그랬느냐는 듯이 친하게 지냅니다. 각자의 생각을 우선시하는 사고방식을 지녔지만, 나름 정의감이 있고 민주주의도 그럭저럭 잘 돌아갑니다.

자신감과 배려, 이 두 가지 덕목을 모두 갖출 수 있으면 어떨까요? 자신감이 뒷받침되어 높은 경쟁력을 가지면서도 남을 배려하고 공동체에 헌신하는 사람들이 다수인 사회는 건강할 것이고, 장차 여러 방면에서 크게 앞서갈 것입니다. 이 모습이야말로 각자도생에 능하고 정도 많은 우리가 지향해야 할 바인 것 같습니다.

다음은 중국 차례입니다! 중국은 사회주의 국가이지요. 좀 더 정확히 말하면 공산당 일당이 지배하는 자본주의 국가라고 할 수 있습니다. 덩샤오핑의 이른바 흑묘백묘론, 그러니까 검은 고양이든 흰 고양이든 쥐만 잘 잡으면 된다는 실용주의 노선을 따라 사회주의 체제에 시장 경제를 접목했습니다. 이로써 중국은 세계 2위의 경제 대국으로 발돋움하게 됩니다. 일본을 흔히 가깝고도 먼 나라라고 표현하는데, 오히려 중국이 '더 가까웠다가 더 멀어졌다가' 하는 나라라는 생각이 듭니다. 역사적으로 일본과는 비교가 되지 않을 만큼 굵직굵직하게 부딪치면서 정복하고, 정복당하곤 했습니다. 근대 이전에는 우리가 주로 대국으로 떠받들다, 한국 전쟁을 계기로 적대 국가로 지냈지요.

중국은 한족을 세계의 중심으로 보는 중화주의 사고가 아주 강합니다. 한족은 주위 나라들을 오랑캐라며 무시했지만, 몽골족(원)이나 거란족(요), 여진족(금, 청)에게 중국의 전역 또는 일부를 지배당한 치욕을 겪었습니다. 그래서인지 주변 민족과 갈등이 심하고, 아주 옛날의 하·은·주 시대를 제외하고는 왕조의 역사가 이삼백 년을 넘지 못했습니다. 그들이 이웃에 굴종을 강요해온 습성은 오늘날까지 이어져 요즘도 자주 반감을 사고 있고요.

중국을 보는 우리의 시선은 여전히 시큰둥한 편입니다. 최근 수십 년 동안 그들보다 우월했던 경제 수준과 중국에 진출한 우리 기업들에 대한 자부심으로 중국과 중국인을 업신여겨 왔습니다. 그런데 언제부터인가 갑자기 G2라며 미국과 '맞짱'을 운운할 만큼 경제적, 군사적으로 부쩍 커버렸지요. 그러다 보니 우리는 강대국 사이에서 이쪽저쪽의 눈치를 모두 봐야 하는 상황에 종종 맞닥뜨리곤 합니다.

저는 중국 출장을 싫어했습니다. 왠지 지저분할 것 같고, 음식도 너무 기름지고, 사람만 오글거릴 것 같았지요. 한국과 같은 문화권이라서 말이 통하지 않는 것 빼고는 외국에 간 느낌도 별로 없었고요. 십여 년 전쯤 처음 중국에 갔을 때는 여기저기 지저분했던 모습만 기억에 남고, 그 몇 년 후에 다시 갔을 때는 자욱한 스모그만 매일 보다 온 듯했습니다. 그러다가 다시 학교 일 때문에 출장을 갔습니다. 전에는 중국에 가도 한국 사람들끼리 모여서 다녔는데, 그때는 조선족 교수님 두 분께서 저를 챙겨 주셨습니다. 그중 한 분은 저와 같은 대학에서 학위를 받았던 터라 마음이 편했지요. 일단 말이 통하면서, 그리고 설명을 들으며 중국 사람들의 삶을 처음으로 유심히 보게 되었습니다. 결론부터 말하자면 중국에 대한 생각이 '확' 바뀌었습니다. 그간 저에게는 무질서하게만 보였던 일상이 그들 나름의 법도에 의해 움직인다는 사실을 알게 되었습니다.

가장 인상 깊었던 것은 한족의 전통에 뿌리를 둔 일상의 규범이었습니다. 예를 들어 식사할 때도 자리에 앉는 법도가 있습니다. 주인장은 문을 바라보는 제일 안쪽의 정면, 손님은 그 마주 보는 반대편, 그러니까 문 앞 좌석에 앉습니다. 술은 바이주白酒, 맥주, 와인 등등 뭐든 상관없지만, 알코올 양에 따라 바이주 1잔을 와인 2잔, 맥주 3잔으로 친답니다. 그리고 비슷한 속도로 마시는 것을 예의로 여기지요. 재미있는 것은, 주인이 첫 잔을 마시는 양으로 손님을 어느 정도 환대하는지가 드러난다는 사실입니다. 따라서 아무리 독한 술이라도 첫 잔을 가득 채워 마시면 손님도 그렇게 해야 합니다. 처음 세 번까지 그렇습니다. 주인이 술잔을 끝까지 비우는데 손님이 조금만 마시면 호의를 무시하는 큰 실례가 되는 거지요.

식사 예절뿐만이 아닙니다. 회사에서도, 길에서도 그들만의 방식을 통해 질서를 유지하고 있습니다. 지방의 소도시에 가보면 자동차 경음기를 수시로 빵빵 울리는데도 눈살을 찡그리거나 싸우는 사람이 보이지 않습니다. 골목에서 대로로 차 머리를 갑자기 들이밀고 나오는 경우도 그렇습니다. 우리 눈에는 무식하게 튀어나오는 듯이 보여도, 큰길을 다니는 차들이 그렇게 나오는 차를 피할 준비가 되어 있다는 이야기를 듣고는 깜짝 놀랐습니다. 외국인인 제 입장에서 혼돈과 무질서로 보이는 거리 풍경이 그들에게는 자연스러운 일상이라는 사실을 새삼 깨달은 것이지요.

중국은 오랜 전통과 문화를 가진 나라입니다. 세계 4대 발명품이라고 하는 종이, 화약, 나침반, 인쇄술, 그리고 젓가락도 중국 지역에서 처음 나왔지요. 중국뿐 아니라 인도나 이집트, 유럽과 중남미의 여러 나라들도 그들만의 문화가 있고 삶의 방식이 있습니다. 물론 우리나라도 마찬가지입니다. 그러니 몇몇 부분의 선입견만으로 상대를 무시하거나 폄훼해서는 안 될 것입니다. 중국인 교수의 설명을 들으면서 얕은 지식과 선입견으로 그들을 업신여겼던 제 자신이 부끄러운 생각이 들었습니다. 사람은 저마다 자신의 눈높이라는 게 있는가 봅니다. 이해와 존중의 열린 마음 없이는 딱 그 높이까지만 보이는 것이지요.

앞으로의 세상은 열린 사고, 개방적 태도가 중요합니다. 교통의 발달로 물리적인 거리의 벽이 낮아지고, 네트워크 통신을 비롯한 첨단 기술이 보편화됨으로써 사람과 사람, 지역과 지역의 간극이 허물어지고 있습니다. 이 같은 기술의 진보는 세상을 더욱 빠르게 변화시키고 있습니다. 조선 시대에 부산 사람이 과거를 보고자 한양에 가려면 문경새재를 넘어 걸어서 보름쯤, 조선통신사가 일본을 다녀오는 데 대개 5~8개월 정도 걸렸다고 합니다. KTX나 비행기를 타면 한두 시간에 가는 거리를 말이지요. 인터넷 전화, 화상회의 같은 기술도 이제는 흔해서 국경을 넘나드는 소통과 비즈니스가 일상화되고 있습니다. 가뜩이나 자원이 빈약하고 땅덩어리가 좁은 우리 입장에서는 더더욱 세계로 눈을 돌려야 하지요. 국내적으로는 인구 감소 문제도 나날이 심각해지고 있어서 고등학교 졸업생 수가 앞으로 4~5년 내에 현재의 60~70% 수준으로 줄어들 전망입니다. 인구가 줄어드니까 당연히 노동력이 줄고, 소비가 줄고, 문을 닫는 대학과 빈집이 늘어날 것이고, 노령화로 인해 사회적 비용도 커지겠지요. 외국인 노동력과 첨단 기술 활용, 세계적 관점에서 우리 역량을 높이려는 사고의 전환 등 여러 대안이 절실한 상황이라고 할 수 있습니다.

　우리는 한반도에서 수천 년간 고유의 문화와 동질성을 지켜온 단일 민족(잘못된 통념이기는 합니다만……)이라는 긍지가 매우 강합니다. 수많은 외침 속에서도 끈질기게 살아남아 찬란한 문화마저 이루었으니 충분히 자랑스러워할 만합니다. 단지 그런 자긍심이 화합과 단결에는 유리하지만, 배타적으로 흐르기 쉽습니다. 역량에 대한 자신감을 바탕으로 좀 더 열린 마인드를 견지해야 하는 이유입니다. 우리 사회, 특히 상당수 기업들은 이미 그 같은 사고로 무장하고 있고요.

　일전에 멕시코를 경유하면서 짬을 내 멕시코시티 시내와 주변 관광을 한 적이 있습니다. 그때 정말 희한해 보였고 감탄도 한 것은 멕시코인들의 인종적 다양성이었습니다. 너무나 다양한 얼굴 모습! 라틴계가 있고 인디오도 있고 스페인계, 프랑스계, 심지어 영국계인 앵글로 색슨의 모습마저 다 있는 것이었습니다. 불과 200여 년 만에 그 같은 다양성을 만들어낸 미국과는 또 다른 풍경이었지요. 미국은 토착민인 인디언을 말살시켜 가면서 문명을 이식했습니다. 그에 비해 멕시코는 16세기에 스페인의 점령과 함께 서양의 가톨릭이 멕시코에 산재해 있던 여러 종족의 문명에 접목되는 형태였습니다. 멕시코 인류학 박물관에는 그러한 문화적 융합이 실감 나는 유물들이 적지 않았습니다. 마야와 테오티우아칸, 아즈텍처럼 다양한 지역의 차별화된 문명 위에 뒤늦게 들어온 스페인 문명이 자리를 잡았다고나 할까요? 옥수수로 장식한 십자가, 흑인 예수, 토착인들이 사용한 미사 도구 등이 제게는 참 인상적이었습니다.

사람은 편견을 갖기 쉬운 동물입니다. 세상 만물은 나와 다른 것 천지인데, 내 중심으로 사물을 판단하기 때문입니다. 인종, 문화, 종교, 개인 등의 다양성을 인정하고 존중하는 태도에 보다 적극적이어야 하는 이유이지요. 하물며 세계를 무대로 놀러도 다니고 사업도 해야 하는 '지구촌' 시대입니다. 다양성을 인정하는 데서 나, 우리의 경쟁력도 더욱 업그레이드될 것입니다.

　멕시코에서 자동차 사고가 나면 대개 양쪽 운전자가 먼저 악수부터 하고 시시비비를 가린다고 합니다. 다양한 민족이 어울려 사는 데서 오는 수용적 태도의 영향이 아닐까 합니다. 영어 역시 다른 많은 언어와의 접촉을 통해 이질적인 면을 수용하면서 지금과 같은 국제적인 언어로 발전한 측면이 있고요.

　이처럼 한중일 관계도 서로의 다양성을 인정하는 가운데 새로운 모습으로 진화해 가야 하지 않을까 싶습니다. 다만 이는 맹목적 수용과는 다릅니다. 따질 일이 있으면 따지더라도 인정할 것은 인정하면서, 싸우든 사이좋게 지내든 하자는 의미입니다.

세상살이의 불안에 관하여

돌이켜보면 참 쉽지 않은 세상입니다. 딱 한 번만 살아 보는 인생인 데다가 앞으로 뭔 일이 일어날지 도통 모르기 때문이지요. 좀 마음 편히 살아가는 지혜라도 있으면 좋을 텐데, 내 마음이 내 마음대로 돼야 말이지요.

무슨 일이 어떻게 일어날지 모르니까 사람들은 다들 불안을 안고 살아가는 듯합니다. 저라고 해서 다를 일은 없습니다. 나름 안정된 지위를 누리는 대학교수가 이런 생각을 한다면 사치일까요? 그렇지만 사실이 그런데요. 특히 미래가 분명하게 정해지지 않았던, 유학을 가서 박사 과정을 밟던 즈음에는 불안감에 잠을 설친 날들이 꽤 잦았습니다. 장가를 일찍 가서 딸린 처자식은 있는데, 박사 학위를 마친들 연구원 자리조차 찾는 게 쉽지 않았으니까요.

천성이 게으른 제가 밤늦게까지, 혹은 새벽 일찍부터 실험이며 공부며 논문에 매달리게 된 동력은 다름 아닌 이런 불안감이었습니다. 공부와 실험만이 탈출을 돕는 유일한 도구로 생각되었고, 실제로 그랬습니다. 하루하루 바쁘게, 죽자사자 실험만 하며 살았더니 이후로는 불안을 느낄 새도 없게 되었습니다. 새벽에 연구실로 나서기 전, 잠든 아내와 큰아들을 보며 불퇴전의 결의를 다졌던 기억이 지금도 생생합니다. 좋은 경력을 만들기 위해 실험에 매달렸고, 조금이라도 좋은 인상을 주고자 이력서를 일 년에도 수십 번이나 업데이트한 이유는 이른 시일 내에 안정된 직장을 얻기 위해서였습니다. 그만큼 어엿한 가장 노릇이 절실했습니다.

나이대가 다르고 상황이 달라도 대다수분들 역시 인생의 어느 한때가 매우 힘들게 느껴진 적이 있을 것입니다. 불안不安은 '마음이 편하지 않고 조마조마하다.'는 뜻이지요. 사람은 불안하니까 있는 노력, 없는 노력 다 보태곤 합니다. 이런 이유 때문일까요? '행복에 젖고 편안함이 가득한 사람은 세상을 만들 수 없다.'라는 누군가의 말에 고개를 끄덕이게 됩니다. 그리고 보면 인류의 문명 발달이나 경제 발전이 따뜻하고 풍요로운 지역보다 춥거나 척박한 환경에서 먼저 이루어졌지요. "어떻게 해야 같이 잘 살 수 있을까?"를 모여서 궁리한 게 문명 발전의 원동력이 되지 않았을까요? 한편으로는 사람들이 지금처럼 숨 쉬며 살고 있다는 사실 자체로 인류가 삶을 엄습한 온갖 불안을 견뎌 냈다는 사실을 방증하는 것 같습니다.

사람들에게 만약 극복해야 할 '역경' 자체가 없었어도 과연 뭔가의 결과를 이룰 수 있었을까요? 그렇지 않을 가능성이 큽니다. 당장은 힘들게만 느껴졌을 어려움이 에너지의 원천이 되었을 테니까요. 그 에너지를 긍정적인 방향으로 활용해야 할 것입니다. 불안한 마음, 현실의 어려움 따위를 기다리거나 즐기는 사람은 없을 텐데, 행여 이 불청객들이 찾아오더라도 너무 괴로워하거나 지치지 않았으면 좋겠습니다. 당장의 상황이 힘든데 애써 힘들지 않은 척할 필요까지는 없습니다. 힘든 건 힘든 거니까요. 힘든 상황은 충분히 힘들고 나서야 벗어날 기력도 생기는 법입니다.

마음이 불안하거나 힘든 상황은 오히려 내 인생의 기회가 될 수도 있습니다. 위기에 대처하다 보면, 하다못해 호구지책으로라도 우리는 뭔가를 하게 됩니다. 그 와중에 또 다른 변신이 가능해지는 것이지요. 그러니 앞이 보이지 않아 불안할 때는 당장에 내가 해야 할 일, 혹은 몰입할 뭔가를 찾는 기회로 삼으면 어떨까 합니다. 역경을 꿋꿋이 이겨냈을 때 훗날 지금의 상황이 술자리 무용담이 될 것을 기약하면서요. '위기는 곧 기회다.'라는 말은 이래서 나온 듯합니다. 내게 닥친 위기가 나를 진화시키는 도구가 되는 것이지요.

유복한 집안에서 자란 친구들이 세상의 가벼운 바람에도 픽픽 쓰러지는 모습을 이따금 봅니다. 여태 큰 어려움을 겪어 보지 않았을 것이고, 불안해할 건더기도 없었기에 그런지도 모르겠습니다. 특히 요즘 젊은이들은 감성이 민감하다 보니 느닷없이 찾아온 충격에 더욱 정신을 못 차리곤 합니다. 많이 힘겨워하는 모습이 참 안타까우면서 스스로에 대한 믿음, 그러니까 자신감을 좀 더 가졌으면 하는 바람을 갖게 됩니다. 자신감은 위기에 맞서는 데 필요한 에너지를 우리에게 줍니다. 아무리 어려운 일이 닥치더라도 '견디다 보면 좋은 날도 오겠지.'라는 믿음의 가장 밑바탕에 있는 게 자신감이지요. 자신감은 세상을 살아가는 데 꼭 필요한 보약이자, 내 존재감을 드러내는 힘의 원천이라고 할 수 있습니다.

지구가 속한 태양계 같은 천체가 은하계에는 수도 없이 많습니다. 그런 은하계가 또한 우주에는 셀 수 없이 많지요. 또 그런 우주조차도 무한정 있을지 모르는 시공간에서 나의 존재, 혹은 내가 하는 일이란 티끌의, 티끌의 티끌보다 작습니다. 그런데 세상이나 우주가 아무리 넓어도 내가 없으면 그날로 세상 역시 끝이지요. 다 사라지고 맙니다. 이 하나의 사실만으로도 내 존재의 가치는 백 퍼센트 충분합니다. 상투적인 말 같지만, '내가 세상의 중심'이라는 말을 덧붙여야 할 것 같습니다. 이 말은 나의 가치를 알고 자존감을 갖자는 뜻으로 들리는데, 실제로 그러합니다. 하찮지만 나름의 가치 있는 모든 존재가 어울려 사는 곳이 바로 세상입니다.

학생들에게 이런저런 조언을 해줄 때 가끔 곁들이는 이야기가 있습니다. "내가 너무 하찮은 생각이 들면 모기와 한방에서 자는 나를 떠올려 봐라."라는 말입니다. 인간에 비하면 모기는 아주 하찮지만, 생의 의욕을 상실해 피 빨기를 포기한 모기가 아닌 이상 그놈 한 마리는 인간의 하룻밤을 완전히 비참하게 만들 능력을 가지고 있습니다. 그렇듯 세상에 존재감을 드러낼 자질은 누구에게나 있습니다. 중요한 것은 내가

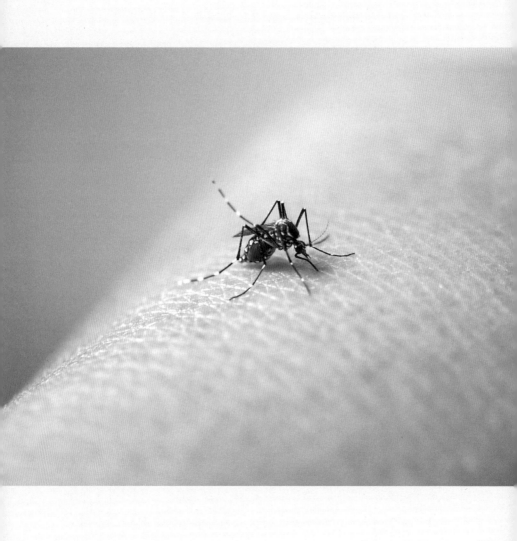

· · ·

존재감은 내 스스로 만드는 게 아닐까요?
모기 한 마리가 우리의 하룻밤을 온전히 망칠 수 있듯이……

그럴 수 있을까, 아닐까 하는 생각 차이일 따름입니다. 바로 스스로에 대한 자신감 말이지요.

자신감이 나를 지탱하는 힘임과 동시에, 그 마음이 지나치면 자만과 허영으로 엇나갈 수도 있습니다. 극과 극은 통하듯이, 이른바 졸부의 허세나 분에 넘치는 허영심이 자신감의 자리를 대신하는 경우입니다. 자신감이라는 에너지가 바탕이 되는 것은 살아가는 힘이든 허세든 마찬가지입니다. 그것들이 나를 드러내고자 하는 동기를 만들어 주지요. 그래서 재능을 본인과 세상에 도움이 되는 방향으로 잘 활용하려면 세상 속의 나를 바르게 이해해야 합니다. 적어도 나에 대한 잘못된 이해가 세상을 엉뚱하게 살게끔 이끌어서, 자신의 가치를 망치는 실수는 피해야겠습니다.

한편으로는, 산다는 게 뭐 별거일까 싶습니다. 구구절절 인생론을 들먹이지 않아도 나와 세상, 대충이나마 나를 알고 세상을 알면 나름 괜찮게 사는 길이 보이지 않을까요?

자신감이 있는 사람일수록 스스로를 내세우지 않습니다. 큰 부자일수록 돈 자랑을 하지 않고, 지위가 높아도 자신을 드러내 보이려고 하지 않습니다. 사실 이는 우리가 학교에서 익히 배운 바지요? 하지만 그 반대의 행동으로 주위에 불쾌감을 주는 사람들이 적지 않습니다. 소위 '갑질남' 또는 '갑질녀'입니다. 그들은 '다 내가 잘나서 그런 건데, 뭐가 문제야?'라고 생각할지 모릅니다. 도대체 왜 그런 행동을 할까요? 아마도 자신의 부족함에 대한 극심한 열등감이나 보호 본능 때문일 것입니다. 그들이 가장 자신 있게 할 수 있는 게 돈이나 지위를 내세워 본인들의 허물을 가리는 일이지요. 자신감이 결여되어 있으니까 마땅히 내세울 게 없고, 그러다 보니 있어 보이고 강해 보이는 것으로 스스로를 포장합니다. 어쩌다 만나게 되는 그런 사람들로 인해 내 마음이 상해야 할 이유는 없습니다.

그들을 흉보면서도 사실 좀 안타깝기는 합니다. 재산이나 지위가 아니더라도 본인들의 소중한 가치나 능력이 분명 있을 텐데, 그것을 못보고 있으니까요. 아무리 하늘에서 돈벼락을 맞았거나 엄청난 갑부 집안에서 태어났다고 하더라도 그들 역시 나름의 노력을 하며 세상을 살아갈 테지요. 시선을 그쪽으로 돌려 보기 바랍니다. 온전한 내 것이 아니라면 삶의 만족이나 자신감으로 이어지기 어렵습니다. 반면에 남들 눈에는 사소해 보이는 일이라도 스스로의 노력으로 성취했을 때 그 의미가 남다르게 느껴지는 법입니다.

사람은 누구나 자신만의 가치를 가졌기에, 생각을 조금 긍정적으로 돌리는 것만으로도 소중한 깨달음을 얻을 것 같습니다. 아무 쓸데 없고 알량한 자존심, 열등감, 반항의식, 트라우마 따위가 우리의 진정한 가치를 가리곤 합니다. 세상에 어울려 사는 모두가 그렇습니다. 그 가치를 본인 스스로 너무 낮춰 보지 말아야 합니다. '내가 나를 존중하지 않으면 과연 누가 나를 존중해 줄까?'라는 접근이라도 좋습니다. 세상에는 이처럼 다들 가치 있는 존재들이 부대끼며 살아가고 있으니 서로에 대한 배려와 존중의 마음을 기본으로 가져야 하겠고요. '그렇게 살다가 나의 배려와 존중 그리고 정성을 남들이 악용하거나, 심지어 속이면 어쩌나?'라는 염려는 접어 두어도 됩니다. 설사 그렇더라도 나를 속인 사람에게 두 번 속지 않으면 그만입니다. 내게는 잠깐의 손해를 주겠지만 상대의 본심을 알게 됐으니 결국 득이 될 것이고, 그들에게는 지금 잠깐의 득이 되었다가 이후에는 큰 손해로 돌아갈 것입니다. 더욱이, 주위에 정성을 다하려는 나를 그 이상으로 대해 주는 사람들 또한 세상에는 적지 않기도 하고요.

자신감은 비단 정신 상태만의 문제가 아닙니다. 자신감이 부족하면 맡은 일에서도 소극적인 경우가 많습니다. 일에 대한 책임감이 떨어지고, 심하면 반쯤 자포자기의 상태에 이르기도 합니다.

학생들을 지도하다 보면 가끔씩 그런 경우를 접하는데, 한번은 곁에서 지켜보다가 호되게 꾸짖은 적도 있습니다. 대학원 학위를 위해 진행했던 실험들이 마무리된 게 하나도 없을 만큼 본인의 일에 소홀했고, 시키는 일만 겨우 하는 둥 마는 둥 했던 학생이었습니다. 학문에 대한 열정은 고사하고, 자신이 해야 할 실험을 차일피일 미루기 일쑤였지요. 목표를 달성하지 못한 이유를 같은 대학원 동료 탓으로 돌리기도 하고, 후배들 지도에도 아무런 성의를 보이지 않는 등 매사에 소극적이었고 부정적이었습니다.

저는 이 학생의 천성이 나쁘다고는 생각하지 않았습니다. 능력이 떨어지기 때문에 생기는 문제도 아니었습니다. 단지, 맡은 일을 열심히 해야 할 이유를 자신 안에서 찾지 못했을 뿐이지요. 스스로를 움직이게 만드는 동력, 즉 자신감이 없으니까 의욕이 생기지 않고 주변도 온통 부정적으로만 보였던 게 아닐까 싶습니다. 그가 졸업을 앞두고 보내온 이메일 답변에 저는 다시금 쓴소리를 보태고야 말았습니다. 그 친구가 많이 안쓰러웠으니까요.

누가 뭐래도 나는 자네의 능력을 믿어. 하려고만 하면 잘할 수 있고, 손재주가 뛰어나다는 것도 알아. 하지만 누누이 말했듯이 늘 수동적이고 부정적으로 세상을 보는 게 참 안타깝다. 나와 궁합이 안 맞고 자네가 몸담은 연구실이 너무 힘들어서 그랬을 거라 이해해 보지만, 앞으로 사회에 나가서 졸업 전과 같은 행동을 한다면 남에게 어떤 영향을 미칠지 조금만 더 생각해 보는 게 어떨까? 내가 나에 대해 아는 것과 세상 사람들이 나를 평가하는 내용은 엄청 다르니까. 무엇보다 세상을 좀 더 밝게 보려는 마음을 가질 수 있기를…….

스스로 꼼짝달싹하지 못한다고 여겨질 때가 있습니다. 무언가를 해도 잘되는 게 없고, 나의 특기라서 여태 한 대로만 하면 손쉬운 줄 알았는데 여기저기 부딪히고 넘어야 할 고비투성이입니다. 주위를 돌아보면 나만 빼고 다들 평온하고 잘 지내는 것 같습니다. 그러다 보니 내 일에 몰입하려 해도 이내 딴생각이 들어 집중이 되지 않습니다. 일뿐만 아니라 사람들과의 관계도 그렇고 세상일이 다 어려운 것 같습니다. 급기야 이처럼 무기력한 자신이 싫어지고, 갑갑한 현실에 갇혀 아무것도 이루지 못하는 내가 원망스럽습니다.

이럴 때는 당장의 작은 일부터 차근차근 시작하는 것을 추천합니다. 생각으로 떡을 만들 수는 없으니까요. 오늘 하루만 생각하며 사는 것도 하나의 방법입니다. 옛말에 '걷지도 못하는 놈이 뛰려 한다.'라는 게 있지요. 말 그대로입니다. 모든 일에는 과정이 있습니다. 과정을 소홀히 한 채 결과에만 집착하면 더 힘들어지기만 하고, 결국 중도에서 포기하는 일마저 생깁니다. "에라, 나도 모르겠다!"라며 세상이 떠밀면 떠미는 대로 살아가고 마는 것이지요.

제가 이처럼 공자님 같은 말씀을 늘어놓으면서도 딱히 속 시원한 답이 되지 않는다는 것을 잘 압니다. '내 자신을 믿어라.', '노력하다 보면 좋을 날들이 올 것이다.'라는 말은 누구나 할 수 있고, 이해 못 할 이야기도 아닙니다. 하지만 당장에 힘들어 죽을 지경인 사람에게는 공허하기 짝이 없습니다. 지금 배고파 죽겠는데, 자신감이 허기를 달래 주는 것은 아니지요.

단지, 힘들고 슬픈 일을 온몸으로 겪어내는 와중에도 희미하나마 한 줄기 빛을 보았으면 합니다. 힘들고 고달픈 처지를 모르는 바는 아닙니다. 하지만 사람은 주어진 악조건에 놀랍도록 빠르게 적응하는 식으로 진화해 왔습니다. 우리나라 사람들은 특히 더 그런 듯합니다. 오죽하면 '국난 극복이 특기인 나라'라는 말까지 있을까요. 나라가 어려움에 처하면 전 재산을 팔아 독립운동에 뛰어들고, 외환위기 때는 돌 반지까지 앞다투어 내놓으며 위기에서 벗어났지요. 이번 코로나19 팬데믹에서도 온 국민이 그렇게 하고 있고요. 나빠질 만큼 나빠졌으면 이제는 좋아질 차례입니다. 그러니 주위의 나쁜 일만 돌아보며 괴로워하기보다는 좋은 쪽을 바라보며 다시 묵묵히 걸어야지요.

처해 있는 상황이 많이 불안하고 힘들어도 이 또한 과정이고 지나가는 한때일 것입니다. 그런 후에 언젠가는 기억의 상자에 고이 자리를 잡겠지요. 그때를 기다리며 지금 이 시간을 견뎌 봐야겠습니다. 삶이 고달프게 된 이유가 내 안에 있든 아니면 밖에 있든 우리는 여전히 '나'를 가지고 살아야 합니다. 나만의 생각으로, 나만의 수단을 가지고요. 그처럼 나의 색깔을 가지고 살게 해주는 첫 번째 가치가 스스로에 대한 자신감이 아닐까 싶습니다.

세월에서 배우다

사람은 배움의 세월이 참 깁니다. 초등학교 때부터 4년제 대학까지만 배우더라도 도합 16년입니다. 여기에 개인적인 공부나 독서하는 시간이 있을 것이고, 성인이 되어서도 평생 교육이랍시고 이것저것 배우러 다니는 일들이 적지 않습니다. 그런데 이들 배움 외에 우리에게 큰 가르침을 주는 어마어마한 선생님이 계십니다. 바로 '세월'입니다.

저는 비교적 운이 좋은 삶을 살았습니다. 늦지도 빠르지도 않은 나이에 대학교수가 되어서가 아닙니다. 젊은 시절 공부가 힘들고 앞날이 보장되지 않은 상황에서도 '한 우물을 꾸준히 파다 보면 어떻게든 기회가 오겠지.'라는 믿음을 버리지 않았기 때문입니다.

제가 학위를 막 취득한 90년대 중반에는 초짜 박사들 대다수가 다른 연구 기관의 연구원으로 취업하곤 했습니다. 이른바 포닥 과정 postdoctoral course이라는 박사 학위 후 연구원 수련인데, 학위 과정 때 부족했던 공부를 보완하며 보다 앞선 연구 경력을 쌓는 기회로 삼았습니다. 본인의 연구 분야를 다양화하고 뛰어난 멘토를 만날 수도 있어서, 박사 학위를 마칠 즈음에는 그 자리를 알아보느라 다들 사활을 걸곤 했습니다. 그렇게 어렵게 찾은 자리에서 열심히 업적을 쌓은 후에 국내외 정규직 교수 포지션에 지원하는 게 교수가 되는 일반적인 과정이었지요. 하지만 한국을 비롯해 동양권에서 학위를 취득한 박사들은 미국이나 유럽의 포닥 자리를 알아보는 것이 언어 등의 문제로 쉽지만은 않았습니다.

저 역시 일본에서 학위를 마치며 하루하루 절박한 심정으로 미국의 포닥 자리를 알아보던 터였습니다. 졸업 날은 다가오지요, 장학금은 졸업과 함께 끊기는데 아이들은 계속 커가지요, 한국에서의 체면 그리고 연구자로서의 미래가 너무나 걱정되었습니다. 초조한 마음에 잠도 못 이루며 미국에서 오는 메일에 온 신경을 곤두세우던 나날이 이어졌습니다. 그러다 마침내 아내가 꿈에서 연락을 받았다는 1994년 2월 5일, 미국 대학에서 자리를 주겠다는 메일을 받았습니다. 아마도 제 인생에서 가장 짜릿했던 소식이 아니었을까요? 전날까지 마음 졸였던 시간이 메일 한 방에 훅 날아가 버린 순간이었습니다.

3월에 졸업식이 끝난 후 저는 미국으로 가기 전 몇 달 동안 한국에 머물며 은사님들께 인사도 드리고, 교수 자리도 알아보게 되었습니다. 그 와중에 한 대학에서 교수직 지원 오퍼를 받았는데, 학사 때 성적이

기준에 미달해 임용 서류조차 제출하지 못했습니다. 임시직이 아닌 영구직이었지만, 미국에 이미 자리가 마련되었기에 큰 미련은 없었습니다. 자존심이 살짝 상하기는 했어도, 임용되지 못한 원인이 제게 있었으니 준비가 덜 된 것으로 여기고 말았습니다.

교수직 임용이 물거품이 된 반작용 때문일까요, 미국에서 포닥 생활을 시작하자마자 저는 죽을 둥 살 둥 실험에만 몰두했습니다. 그러다 보니 지도 교수님이 예쁘게 봐주신 것 같고, 수양부모님의 관심과 주변 동료의 도움 덕분에 미국 생활에 잘 적응했지요. 포닥 계약이 끝난 후에는 곧바로 옆 학과의 전임강사로 임명되는 행운도 잡을 수 있었습니다. 정년 보장으로도 이어지는 태뉴어 트랙tanure track 자리였습니다. 거기서 일 년쯤 지내며 웬만큼 업적에 대한 자신감이 생기자 한국에 돌아가고 싶은 마음이 일기 시작했습니다. 그때부터 한국의 대학 교수직, 연구소 연구원 채용에 열 곳 이상 지원하였는데, 웬걸요! 추풍낙엽처럼 몽땅 떨어졌습니다. 그것도 서류 심사에서요. 대학 졸업 무렵의 취직 악몽이 되살아나는 듯했습니다. 다시금 자존심의 상처를 입었지만, 이내 제 처지를 순순히 받아들이게 되었습니다. '한국에 못 가면 미국에서 살지 뭐.'라는 마음으로 제 자리에서 주어진 일에만 열중했습니다. 영주권 취득 준비도 시작했고요.

그렇게 마음을 비우고 지내다가 1997년 여름 학회에서 제 연구 결과를 구두로 발표한 직후, 한국에 들어오지 않겠냐는 생각지도 못한 제안을 받았습니다. 한국에 가고자 무진장 애를 쓸 때는 초장부터 다 틀어지더니 엉뚱한 때와 장소에서 귀국할 기회와 마주친 것이지요. 마침 아내의 바램도 있었고, 여러 번의 취직 실패로 상처 난 자존심도 추스르고자 저는 미국 생활의 모든 것을 내려놓게 됩니다.

삶은 내가 원하는 대로 이루어지지 않습니다. 예상치 못하는, 이런저런 길흉화복이 마구잡이로 찾아오지요. 어쩌다가 나쁜 일이 생기고 또 어쩌다가 좋은 기회가 찾아옵니다. 어쩌다 마주치는 좋은 기회를 잡기 위해서는, 자신이 원하는 삶 근처에서 꾸준히 노력하며 기다릴 수 있어야 합니다. 제가 지금의 자리까지 올 수 있었던 것은 바로 그 때문이라고 생각합니다. 첫 직장을 박차고 나온 후 줄곧 한 우물을 파다가, 인생의 기회를 만날 수 있었던 셈입니다.

산다는 것은 어쩔 수 없이 시행착오를 반복하며 자기 자리를 찾아가는 과정입니다. 사람은 누구도 완벽할 수 없으니 꾸준히 노력하면서, 새로운 상황이 닥치면 그때그때 최선의 판단을 해야 하지요. 그리고 늘 배움의 자세를 잊지 말아야 합니다. 사람은 기계나 인공지능이 아닙니다. 내가 언제나 합리적이고 이성적인 판단을 내릴 거라고 자만해서는 안 됩니다. 스펀지가 물을 빨아들이듯이 세상을 통해 배우겠다는 마음가짐이 중요한 것이지요. 세월이라는 선생님이 알려 주는 그 가르침은 결국 세상을 살아가는 지혜가 됩니다.

한국에 들어오기 며칠 전에 미국에서 자리 잡은 대학 선배와 이런저런 이야기를 나눈 적이 있습니다. 저는 그때 학계를 개혁하고 싶다는 포부를 밝혔습니다. 교수 임용에 숱하게 물을 먹은 입장에서 한국의 인사 채용, 연구비 심사 등에 큰 문제가 있음을 지적하던 차에 나온 말이

· · ·

해바라기는 해를 따라다니지 않아요.
서 있는 자리에서 우직하게 한곳만 바라볼 뿐이지요.
사람들이 지켜보든 말든……

었습니다. 지금이야 평균 이하이지만, 당시에는 업적에 대한 자부심이 충만해 간이 배 밖으로 나왔기에 가능했던 이야기였지요. 학계의 잘못된 관행을 바꾸어 신진 연구자들이 공정하게 평가받을 풍토 조성에 앞장서겠다는 속내를 토로하자, 선배는 제 말에 동의한다는 듯 고개를 끄덕이며 조용히 듣다가 마지막에 이런 말을 보탰습니다.

"지금 말한 그 마음을 보자기에 꼭꼭 싸매 두었다가 나이 오십이 되거든 꼭 실행에 옮겨 보게."

그러고 나서 한국에 왔고, 세월이 흘러 선배가 이야기한 그 나이가 지났습니다. 돌이켜보면 열심히는 살아온 듯합니다. 하지만 30년이 다 되어 가는 교직 생활 동안 미국에서 열변을 토했던 그 개혁을 이루었는지 스스로에게 물어보면 창피할 따름입니다. 오히려 제가 그 개혁의 대상이 된 것은 아닌지, 라는 생각마저 들었습니다.

세상 누구도 실패를 상정하고 목표를 세우지는 않을 것이고, 사회의 문제를 해결하고자 애쓰는 마음 역시 다들 조금씩은 있습니다. 하지만 어느 한 사람이 사회 시스템이나 관행, 아니면 분위기라도 바꾸기란 결코 쉬운 일이 아닙니다. 모든 사람이 힘을 합친다고 해도 쉽지 않지요. 사람들의 입장부터가 제각각입니다. 세월이 흐르면서 스스로의 한계를 자각하거나, 당장에 해야 할 일을 계획하며 각자의 스탠스가 변하곤 합니다. 단지 본인에게만 지나치게 너그러운 삶을 살아가는 것은 아닌지 돌아봐야 하겠습니다. 신호 위반을 고발하기 위해 사진을 찍겠다며 교통법규를 위반해서는 안 되지요.

문득 이런 생각도 듭니다. 세상의 분위기를 바꾸는 것은 몇몇 정치인이나 세기의 영웅호걸들이 아니라, 평범한 우리들이라는 사실입니다. 사람들의 마음이 모이고 모여 엄청나게 쌓인다면 바뀌지 않는다는 법도 없지 않을까요? 사회 시스템이든 관행이든 결국은 다 사람들이 정하는 일인데요!

한때 이런저런 개혁을 꿈꾸었던 저는 지금 있는 자리에서, 당장 할 수 있는 일을 외면하지 않을 때 세상이 조금씩이나마 나아질 거라고 믿어야겠습니다. 십 년이면 강산도 변한다고 했으니, 행여 세상이 탈 없이 굴러가는지 잘 지켜보면서 작은 힘이나마 보태야겠지요.

그렇게 세월 속에서 배우고, 실천하며, 하나하나 깨달아 가는 게 인생이 아닐까 싶습니다.

밝고 진취적인 삶을 위해서는

스스로에 대한 믿음을 가져야 하는 게 첫 번째고,

그다음으로 필요한 것은 기다림의 태도가 아닐까 싶습니다.

제게 성공하는 삶을 위한 단 하나의 문장을 들라고 하면

저는 이것으로 하겠습니다.

'인생의 열매는 노력하며 기다리는 자에게 주어진다.'

Part 3

지금 내게 필요한 것은

18

스스로 행복해지는 법

저는 웬만하면 걸어 다닙니다. 어떨 때는 조금이라도 더 걷고 싶은 마음에 퇴근 후 집에 가는 길을 빙 돌아가기도 하지요. 평소 운동할 시간이 거의 없어 고육지책으로 걷기를 시작했는데, 허리 사이즈가 늘어나 볼록 나오는 배를 보면 걷기가 그나마 그 팽창 속도를 줄여주는 것 같습니다.

걷기의 장점은 생각보다 꽤 많습니다. 세상의 별의별 것들을 시야에 가득 담을 수 있고, 사람들이 사는 모습을 바로 옆에서 지켜볼 수도 있습니다. 길에서 희한한 물건을 파는 노점상을 보는 것도 재미있고, 자동차 접촉 사고로 옥신각신하는 사람들을 보면서 그들의 과실 비율을 마음속으로 따져 보기도 하지요.

요즘은 계절마다 변하는 거리 풍경에 눈길이 갑니다. 얼마 전 번화

한 거리를 걸어서 집으로 가는데, 줄지어 있는 벚나무들이 활짝 꽃을 피우고 있어 아주 장관이었습니다. 흰색, 분홍색 가릴 것 없이 활짝 핀 꽃들이 마치 궐기대회를 하는 것 같았습니다. 벚꽃이 떼 지어 있지 않고 그냥 한두 그루의 꽃나무가 거리에 우두커니 서 있는 것도 예쁘기는 마찬가지입니다.

한날은 횡단보도 옆에 있는 조그만 벚나무 묘목을 보았습니다. 아직 혼자 설 힘이 없어서 지지대에 의지하고 있었지만, 명색이 벚꽃이라고 몇 송이 안 되는 꽃을 흐드러지게 피우고 있었습니다. 콘크리트 사이에서 독야청청하는 자태가 어찌 그렇게 어여뻐 보이던지요! 고작 몇 송이 꽃으로 주위를 화사하게 만드는 능력에 감탄하면서 덩달아 제 기분도 좋아졌습니다. '실실' 웃으면서 길을 건넜지요.

우리는 모두 하고 싶은 일이 있습니다. 자라고 배우면서 평생 동안 내가 해야 할 일을 정하게 됩니다. 하고 싶은 일과 해야 하는 일이 늘 같지는 않습니다. 하고 싶은 일에 대한 생각이 차츰 강해져 열망으로 바뀌면서 구체적 목표와 실천 계획을 세우지요. 저마다의 목표를 이루는 데 짧게는 수년, 길게는 수십 년씩 걸리기도 합니다. 어쩌면 평생 이루지 못할 수도 있고요.

생의 목표가 생기면 사람들은 그것만 바라보며 달려가기 시작합니다. 정말 하고 싶은 일을 우선순위의 제일 앞에 두고 온갖 노력과 정성을 기울이지요. 살아가면서 크고 작은 다른 일들의 뒤치다꺼리에 한눈을 팔곤 하지만 이내 정신을 차려 그 목표에 집중합니다.

이런 사람들에 대해 세상은 칭찬을 아끼지 않습니다. 삶의 목적의식이 뚜렷하다며 띄워 주지요. 칭찬을 들어 마땅하기는 한데, 그만한 대가는 치러야 합니다. 목표를 일관되게 추진하는 과정에서 목표 외의 소소한 일들은 눈에 잘 들어오지 않습니다. 목표 달성에 방해가 되기 때문입니다. 가족과의 오붓한 한때, 친구와의 술자리, 경치 좋은 곳에서 빈둥거리기, 재미있는 영화를 보고 책을 읽으며 감상에 젖어 드는 일 따위는 부질없고 시간만 좀먹는 일로 느껴집니다.

바로 여기서 문제가 생깁니다. 목표 성취에 따른 자아실현과 삶의 행복감이 따로 놀게 되는 것입니다. 목표를 이루거나 돈을 많이 버는 것과는 별개로 일상의 행복감이 확 떨어져 버립니다. 오랜만에 만난 친구, 재미있는 TV 드라마, 소소한 정을 나누는 이웃 등등 살아가는 데 즐거움을 주는 많은 것들을 다 내치는 꼴입니다. 일상의 행복을 누리면서 삶의 목표마저 이룬다면 더할 나위 없을 것입니다. 반면에 일상의 행복을 다 포기하고 목표에만 매달렸는데, 그 일이 물거품이 되는 최악의 상황을 마주할 수도 있습니다.

'행복 따로, 목표 따로'인 생활이 바람직해 보이지는 않습니다. 다만 거대한 목표의 무게를 견디며 일상의 소소한 행복을 누리기 위해서는 연습이 필요합니다. 공부 수준의 거창한 연습이 아니라 아주 자그마한 노력이면 충분하지 않을까 싶습니다.

먼저 평소에 내가 뭘 좋아하는지를 떠올려 봅니다. 두 번째, 좋아하는 게 떠올랐으면 그걸 규칙적으로 할 수 있는 방법을 찾습니다. 예를 들어 자전거 타기를 좋아한다면 함께 자전거를 탈 사람을 어디서 찾아오든가, 동호회에 가입합니다. 음악 감상이 괜찮을 것 같으면 만만한 가격대의 오디오부터 하나 장만합니다. 꾸준히, 자주 해볼 수 있는 환경을 만드는 게 중요한 거지요. 평소 '심각해지지 않기'라는 마음가짐도 도움이 될 것 같습니다. 세상일은 뭐든 심각하게 보면 별 재미가 없습니다. 체면이나 나이 따위는 너무 의식하지 말고, 좀 유치하거나 허술해 보여도 자기감정을 솔직하게 드러내는 마음을 가져 보면 어떨까요? 마치 무슨 말만 해도 싱글벙글 웃어대는 아이들처럼!

평생 안 해오던 짓을 하려면 조금 어색한 것은 '각오'해야 합니다. 그래서 연습이 필요한 거고요. 세상의 모든 일은 보기에 따라, 혹은 생각하기에 따라 즐거울 수도 슬플 수도 있습니다. 뜰에 추적추적 내리는 비를 보며 입가에 미소를 지을 수도, 눈물을 글썽이기도 하는 것과 마찬가지이지요. 행복 역시 본인이 느끼기 나름이라면 일상의 소소한 것들에도 얼마든지 의미 부여를 할 수 있습니다. 직장 상사에게 깨져 우울한 마음으로 집에 왔는데, 입구에서 '어서 오세요!'라며 반갑게 꼬리치는 강아지를 보면 금세 힐링이 되고, 풀잎 끝에서 이리저리 맴도는 벌레를 유심히 보면서 삶의 활력을 느낄 수도 있는 법이지요. 작은 행복을 누리며 사는 사람들은 삶의 고달픔을 이겨내는 법도 자연히 깨닫습니다. 그들에게는 웬만큼 힘든 일이 있어도 지난날을 떠올리며 "그때는 정말 힘들었어요. 그런데 뭐 이쯤이야!"라며 미소를 짓는 마음의 여유가 있습니다.

걷기를 좋아하는 한편으로 저는 버스 타는 것도 즐기는 편입니다. 시간이 비슷하게 걸리면 지하철보다는 버스 우선입니다. 창밖을 두리

번거릴 수 있기 때문이지요.

일전에 다른 학교에서 열리는 회의에 참석하느라 지하철로 스무 정거장, 한 시간쯤 되는 거리를 버스 타고 간 적이 있습니다. 저상버스 뒤편 높은 의자에 앉았는데, 길이 엄청 막혀서 깜빡 졸았지요. 그러다 잠을 깼는데 버스 안이 온통 깜깜했습니다. 얼떨결에 집에서 잔 줄 알고 '내가 왜 순간 이동해서 여기에 있지?'라는 생각이 들었습니다. 정신을 차리고 주변을 살펴보니 남산터널 안이었습니다. 여전히 길이 막혀 한참 더 가야 했고 회의에는 결국 30분쯤 늦었습니다. 기다리던 사람들에게는 "순간 이동을 했는데도 이렇게 늦고 말았습니다."라며 자초지종을 말했더니 다들 깔깔 웃으며 저의 지각을 너그럽게 봐주셨습니다. 별것 아닌 에피소드 덕분에 지각에 대한 핀잔을 면하고 모임의 분위기도 화기애애해졌습니다. 미안한 마음에 술값을 다 떠맡기는 했지만 저도 기분이 좋아진 하루였고요.

먼 곳만 바라보며 달려가다가는 발아래 돌부리에 걸려 넘어지기 십상입니다. 방향이 틀리지 않은 이상 언젠가는 목적지에 다다를 텐데, 마음이 급해지기 때문입니다. 그런데 살아 보니까 아무리 기를 쓰며 뛰어도 목표에 더 빨리 도착하는 게 아니었습니다. 인생의 나비효과는 예측 불가능해서 목표를 향해 가다가 뭔가에 마주치면 그때부터 또 다른 길이 생겨 버리곤 합니다. 그 길은 행운일 수도 불행일 수도 있는데, 여러 갈래로 나뉜 길을 오가며 서두르다 보면 지칠 수밖에 없습니다. 그래서 가끔은 쉬기도 하고, 주위도 둘러보며 시간이 좀 더 걸릴지언정

뚜벅뚜벅 걸어야 합니다.

농경 시대가 오기 전 수만 년 동안 인류는 수렵으로 연명했습니다. 이때를 석기, 혹은 목기 시대라고 하는데, 현대인의 선조인 호모 사피엔스는 이 시기 동안 척박한 환경과 동물, 그리고 다른 인류 종들과 투쟁하면서 하루하루 힘겹게 살았습니다. 살아남기 위해 그들은 주위에 있는 사물과 자연 현상을 활용하거나 예측하는 법을 두루두루 알아야 했습니다. 이는 곧 생존의 지혜가 되었습니다.

세월이 흐르고 흘러 지금은 정반대의 삶을 사람들이 살고 있습니다. 오늘날의 우리는 좋아하거나 익숙한 것들을 아주 깊이 이해할 수 있지만, 그 외의 것들에 대해서는 크게 관심을 두지 않습니다. 필요하면 그때그때 세상에 널려 있는 정보에 의존하면 그만입니다. 뭐, 그런 지혜가 없다 한들 목숨이 위태로울 일도 아니고요.

유발 하라리의 《사피엔스》란 책을 보면 놀랍게도 '넓고 얕은' 지식을 지닌 수렵 시대 미개인들의 두뇌가 '좁고 깊은' 지식으로 살아가는 현대인들보다 훨씬 발달되어 있었답니다. 더더욱 놀랄 일은 유아 사망률이 높아서 그렇지, 어릴 적 생명의 위기를 벗어난 원시인들의 수명은 농경 시대 이후 고대나 중세인은 물론, 현대인들에게도 필적했다고 합니다. 오염된 환경에 노출되지 않아서인지, 아니면 부시맨처럼 먹고 사는 일 외에는 딱히 고민이 없어서 그런지는 잘 모르겠습니다. 여하튼 선사 시대 수렵인들에 비해 현대인들은 엄청난 지식을 보유하면서도, 세상이 알려 주는 수많은 지혜는 외면하게 되었습니다. 오늘날 집을 냅두고 들짐승이나 추위를 피하기 위해 '좋은 동굴을 찾는 법'을 알아야 할 이유가 없기는 합니다만…….

세상에서 얻게 되는 수많은 정보와 지식을 소화해내기가 벅차서일까요? 현대인들 마음의 중심에는 '통념'이 자리 잡고 있습니다. 통념通念이란 널리 통하는 생각을 뜻하니, 달리 말하면 상식일 것입니다. 문제는 이런 통념이 상식을 벗어나 세상의 실체와는 상당히 다른 고정관념으로 변질될 때입니다.

우리는 직접 경험하지 못한 것들에 대해 겉모습과 세상에 떠도는 정보, 그리고 상식을 바탕으로 판단하곤 합니다. 바쁜 세상에 '세상이 돌아가는 이치와 그 대처법' 같은 것들을 공부할 수도, 누가 알려 주는 것도 아니니까요. 그런데 제대로 알지 못하는 와중에 확실하지 않은 지식과 잘못된 판단이 고정관념으로 자리 잡으면 아주 고약해집니다.

고정관념이란 놈은 다른 생각이 들어올 여지를 없애고 맹신이란 암세포를 정신세계에 깔아 버리는 괴물입니다. 그것에 세뇌된 사람들은 마치 좀비처럼 내 편, 네 편을 갈라 죽을 둥 살 둥 싸우게 됩니다. 오로지 내 생각만이 정답이고 정의이니까, 상대에 대한 이해나 배려는커녕 상대편을 '싹쓸이'해야 한다고 믿습니다. 고정관념이 얼마나 위험한지는 역사에 이름을 올린 독재자들의 폐해에서 엿볼 수 있습니다. 오늘날 특정 정파의 열광 지지층, 그리고 사이비 종교 광신도들의 '흔들리지 않는 믿음' 또한 같은 맥락으로 이해할 수 있고요.

저는 사람들의 마음이 이처럼 한쪽으로 휩쓸리는 이유가 세상을 넓게 보지 못한 채 내가 보고 싶은 것만 쭉 보려고 하고, 여태 익숙해진 것들에 얽매여 있기 때문이라고 생각합니다. 세상 만물을 스스로 느끼고 생각하는 대신에 책, 학교 또는 일부 사람들의 일방적인 정보만을 신봉하지요. 세상이 있는 그대로의 모습에서 지혜를 깨치고, 자연에 자신을 맞추어 소통하고자 했던 수렵인들의 삶을 우리가 배워야 할 것 같습니다. 다만 이제는 동물과 추위를 피해 동굴에 숨어 살 일은 없으니 person-to-person, 즉 사람과 사람이 만나고 부대끼는 데서 살아가는 지혜를 구해야겠습니다.

혼자만 있어도 행복할 수는 있습니다. 하지만 혼자 사는 세상이 아니기에 가족, 그리고 이웃과 더불어 행복해지는 법을 찾아야 합니다. 인간이 사회적 존재라는 것은 생존을 위해 함께 살 수밖에 없다는 소극적 의미가 아니라 '삶의 질을 높이기 위해 공동체를 형성해야 한다.'라는 적극적인 의지로 이해해야 합니다.

그런데 함께 행복해지고는 싶은데, 누구 하나 내 마음 같지 않다는 게 걸림돌입니다. 어쩔 수 없습니다. 부드럽고 좋은 관계를 유지하려면 앞에서도 말했듯이 내 생각 그대로 남을 설득하기보다 남의 생각을 내가 받아들이는 것이 중요합니다. 당장 말이 안 통할 때는 답답한 마음이 가득하겠지만, 내가 남에게 열을 양보하면 최소한 한둘은 그도 양보하지 않을까요? 결국 내 마음의 여유, 즉 틈이 있어야 남을 더 잘 받아들일 것 같습니다. 상대에게도 그런 여유가 있으면 둘의 소통은 더욱 궁합이 잘 맞을 거고요. 그렇게 마음을 주거니 받거니 하면서 서로에 대한 정도 깊어질 것입니다.

행복을 화두에 올렸으니 불행에 대해서도 덧붙여야 할 것 같습니다.

당연하게도 인생은 행복한 장면의 연속이 아닙니다. 행복과 불행이 늘 교차합니다. 그만큼 인생은 다이내믹하지요. 바닥이 안 보일 정도로 추락하다가도 갑자기 한 줄기 빛이 보이며 언제 그랬느냐는 듯이 슬픔은 잦아들고 희망이 그 자리를 대신합니다. 그래서 행복의 시작은 절망입니다. 불행이 없으면 행복의 기쁨 또한 가능할 수 없습니다. '절망 → 포기 → 적응과 안정 → 희망 → 행복 → 다시 절망'으로 이어지는 과정을 되풀이하며 그것들에 익숙해지는 시간이 우리의 삶이 아닐까 싶습니다. 그러니 슬퍼도 너무 슬퍼하지 말고, 기뻐도 이 또한 한때이겠지요. '햇빛이 쨍할 때 저녁 준비를 하고, 밤이 깊어지면 새벽을 맞이하는' 심정으로 마음 편히 살아야 하는 거고요.

우리는 이 같은 행복과 불행의 순환을 잘 알고 있을지도 모릅니다. 불행을 이겨낼 마음을 가지는 게 쉽지 않을 뿐이지요. 불행이 찾아오면 당장은 하늘이 무너지는 것 같은 슬픔에 뜬눈으로 밤을 새워도, 시간이 흐르면서 우리는 다시금 희망을 꿈꿀 것입니다. 하늘이 무너지는 일은 절대 없으니, 그것을 걱정하기보다는 머지않아 이어질 행복에 눈을 돌려야 합니다. 이를 위해 평소 주변의 사소한 행복이라도 찾아보는 연습이 필요할 것 같습니다. 이게 스스로 행복을 만드는 사람들의 '비결 아닌 비결'이 아닐까, 라는 생각이 듭니다.

반려동물이든 꽃, 풀벌레든 사소한 것들이 주는 기쁨에 한 번쯤 시선을 돌려 보기 바랍니다. 자그마한 일들이 그날 하루의 기분을 만들고 나아가 일주일, 한 달, 일 년의 마음 상태를 좌우할 수도 있습니다. 우리가 어떤 목표를 세웠든 오늘 하루의 기분이 좋은 게 좋은 거지요. 일도 자연스레 술술 풀릴 가능성이 커질 것이고요. 저 역시 일상의 소소한 행복을 즐기려 노력하는 편인데, 그렇다고 제가 무슨 '삶의 비밀'을 깨쳤다거나 대단한 인생철학을 가진 것은 아닙니다. 그냥 그렇게 해보니까 좋았습니다!

19

길은 다시 이어진다

사람들은 다들 건강하게 오래 살고 싶어 합니다. 이 편한 세상에 조금이라도 더 오래 즐겁게 살면서 가족과 함께 행복해지기를 바라지요. 그러다 보니 몸이 고장 나지 않게끔 평소에 등산, 조깅, 헬스 같은 운동을 하거나, 자연식과 채식 등의 식이요법을 실천하기도 합니다. 하지만 나이가 들면 살이 찌고 몸이 흐트러지는 것은 어쩔 수가 없습니다. 그렇게 망가진 몸의 대표적인 지표가 아마 뱃살이 아닐까 싶습니다.

저는 사십 대 중반까지는 표준 체중, 즉 '키-110=몸무게'라는 기준을 잘 유지했습니다. 근육질은 아니나 홀쭉한 배를 자랑삼아 배를 내밀고 살았습니다. 조금 덜 먹고 몸을 더 움직이는 게 비결이었지요. 그러다가 왜 그리 배가 고픈지, 식욕이 당기는 대로 먹어재꼈더니 금세 살이 붙기 시작했습니다. 몇 년 사이에 체중이 3~4킬로가 늘었고 허리는 2인치나 두꺼워졌습니다. 다시 몇 년이 지나면서 또 3~4킬로가 늘더니 요즘은 목을 앞으로 쭉 빼서 봐야 허리띠가 보일 지경입니다. 걱정이 이만저만이 아닙니다.

그 와중에 외과 의사인 후배와 삼겹살을 먹었습니다. 고기를 열심히 먹으면서 뱃살 타령을 했지요. 그랬더니 그 친구가 "제가 배 좀 촉진해 봐도 될까요?"라더니 볼록한 배를 이리저리 만져 보고 몇 번 두드린 끝에 이렇게 말했습니다.

"선생님. 이 배는 지방 덩어리가 아니고 위가 커진 거예요. 운동을 많이 하셔서 그런지 지방은 별로 많지 않아요."

제게는 이 말이 천국의 속삭임처럼 들렸습니다. '비계가 가득한 게 아니라니 위만 줄어들게 잘 관리하면 되겠군!'이라는 생각에 뿌듯해졌습니다. 그런데 얼마 후에 내과 의사인 제 친구가 저의 배를 보며 다른 관점의 진단을 내립니다. 내장지방을 조심해야 한답니다. 윗배가 나오는 게 내장지방의 특성이라나요. '위를 줄여야 하나, 내장지방을 빼야 하나?'라고 망설이는 중에 아랫배마저 점점 나오기 시작했습니다. 제가 생각해도 엄청 먹어대니까요.

살다 보면 이것 같기도 하고 저것 같기도 한 상황이 생깁니다. '취업이냐, 공부냐?' 아니면 '이 남자냐, 저 남자냐?' 같은 갈림길에서 선택을 강요받습니다. 그런데 너무 많은 정보가 쏟아지고 이것저것 고려하다 보니까 오히려 결정에 어려움을 겪습니다. 그러다가 내 입맛에 맞는 지식을 가져와 출구를 찾습니다. 위아래 구분 없이 나온 배를 보면서

'이 모이주머니 덕분에 힘이 나고 몸이 아파도 견딜 수 있으니까.'라고 스스로를 안심시키며 운동에만 좀 더 신경 쓰는 식이지요.

삶에는 각각의 장면마다 여러 선택지가 있고, 우리는 고심에 고심을 거듭해 그중 한 가지를 고릅니다. 하나의 방향을 선택했으면 그것에 정성과 시간을 쏟아붓습니다. 저 역시 대학을 졸업하고 취업했을 때 회사를 계속 다니는 것과 다시 공부하는 것 중 어떤 길을 택할지 참 많이 고민했습니다. 나이가 들면서 간간이 드는 생각입니다만, 제가 어떤 길을 선택하든 다 의미가 있는 것이었습니다. 진짜 중요한 것은 무엇을 선택했는지가 아니라, 그것을 선택한 나 자신이라는 사실을 알게 되었기 때문입니다. 가지 않은 길에 대해 아쉬운 마음은 들 수 있겠지만, 그래 봤자 이미 다 지난 일입니다. 아쉬운 마음의 자리는 일상의 소소한 행복으로라도 채워 봐야지요.

우리 집 큰아들과 둘째는 여느 형제와 마찬가지로 성격이 뚜렷하게 다릅니다. 큰 녀석은 아내, 둘째는 저와 많이 비슷하지요. 반면에 둘 다 어느 한 가지에 푹 빠지기 일쑤고 싫어하는 일은 죽어도 안 한다는 공통점을 가졌습니다. 저도 그렇습니다. 그런 녀석들이 하나는 서른을 넘겨 만화가로서 웹툰 연재를 준비하고 있고, 대학생인 둘째는 사진과 영상을 찍느라 돌아다니기 바쁩니다. 본인들이 좋아하는 일을 하고 있는데, 정말 어려서부터 좋아했던 것인지 아니면 공부가 하기 싫어서 그 길로 빠졌는지는 사실 잘 모르겠습니다. 그게 무엇이든 저는 아이들의 선택을 존중해야만 합니다. 그들의 삶이니까요. 물론 장차 본인들이 선택한 길을 걸으면서 이런저런 불안과 압박감을 느낄 것입니다. 원하던 일이 어그러졌을 때 절망과 우울의 나락에 빠져 한동안 방황하게 될지도 모릅니다. 어떤 분야에서 일하든 세상은 결코 호락호락하지 않습니다. 아무리 내가 잘 준비하고 계획대로 실천하더라도 힘든 일은 생기게 마련입니다. 몇 번쯤 위기도 찾아올 것이고요. 그렇지만 어쩌겠어요. '이 또한 지나가리라!'라는 마음가짐으로 힘들어도 차근차근 헤쳐 나가야지요.

꿈을 이루기 위해 노력하는 사람들에게 가장 힘들고 두렵게 느껴지는 것은, 스스로 세운 목표가 처음 시작할 때보다 훨씬 까마득하게 보일 때인 것 같습니다. 그때가 오면 제 아이들 역시 심각하게 고민하겠지요. '모든 걸 마다하고 이 일에 걸었는데, 과연 내가 선택한 길이 맞을까?'라고요. 훗날 다시 어떤 선택을 하더라도 저는 아이들의 판단을 지지할 수밖에 없을 것 같습니다. 저의 호불호를 떠나 어떤 선택이든 도중에 포기하지 않는 이상은 나름의 결과로 이어질 테니 주어진 상황을 잘 이겨내기를 바랄 밖에요.

살면서 스스로의 선택이 후회될 때가 있습니다. 당장의 현실이 힘들어 '그때 다른 선택을 했더라면'이라는 생각이 드는 것입니다. 그래도 시간을 되돌릴 수는 없으니 가던 길을 묵묵히 계속 가든지 아니면 이제라도 다른 길을 알아봐야 하겠지요. 이때 선택의 주체가 여전히 나 자신이고, 어떤 선택이라도 가치가 있다는 사실을 받아들인다면 내 처지에 대한 관점은 확연히 달라질 것입니다. 설령 뭔가를 그만두더라도 못

해서 포기하는 게 아니라 내 스스로 '안 하는' 것이니까요. '용의 꼬리보다 뱀의 머리가 낫다.'는 말이 있고 '꿩 대신 닭'이라는 말도 있습니다. 사람에 따라서는 '뱀의 머리'나 '닭'을 받아들이기 어려울 수 있지만, 이는 어떤 의미를 부여하는지에 따라 달라집니다. 뱀의 머리가 되면 용의 꼬리처럼 머리와 몸통에 끌려다니는 일 없이 내가 가고 싶은 대로 가고, 하고 싶은 대로 할 수 있습니다. 꿩 대신 닭으로도 푸짐한 한 끼를 먹을 수 있고요. 이 모두를 결정하는 것은 그 길을 선택한 나의 마음입니다.

한 가지, 꼭 덧붙이고 싶은 게 있습니다. 선택은 제로섬all or nothing의 문제가 아니라 '여섯'을 취하고 '넷'을 버리는 지혜라는 점입니다. 때로는 51을 취하고 49를 버려야 하고, 501을 취하고 499를 버림으로써 가던 길을 계속 가야 합니다. 단 한 끗 차이가 삶에서 좋고 나쁜 선택을 가를 수도 있습니다.

삶의 여러 선택지 외에 과정과 결과에 대한 마음가짐도 마찬가지입니다. 과정이 중요할까요, 결과가 중요할까요? 저는 평소에 과정이 중요하다며 노래를 부르는 편이기는 합니다만, 그러다 보니까 종종 목표를 잊어먹을 때가 있습니다. 예컨대 뱃살을 슬림하게 하기 위해 '위를 줄여야 하나, 지방을 줄여야 하나?'만 저울질하지요. 건강하게 오래 사는 것이 목표인데, 그것은 까먹곤 합니다.

삶의 어떤 선택이든 그 자체로 의미가 있듯이 과정과 결과는 둘 다 중요합니다. 과정 없이 결과가 나올 수 없고, 결과 없는 과정이라면 허무할 것입니다. 그럼에도 제가 과정이 중요하다고 '노래 부르는' 이유

• • •

선택은 중요합니다. 그에 대한 책임이 따라오니까요.

그리고 소중합니다. 어느 누구도

실패하기 위해 선택하지는 않으니까요.

는 과정은 곧 실천이고, 실천을 하다 보면 자연스레 결과가 나오기 때문입니다. 세상의 어떤 일이든 실천하지 않으면 이루어지지 않습니다. 아주 단순한 원리이지요. 다만, 결과는 목표를 알려 주는 표지판 역할을 하기 때문에 마냥 무관심한 것도 좋지 않습니다. 도중에 길을 잃어버리지 않기 위해서라도 가끔은 결과를 챙겨야 합니다. 과정에서 너무 스트레스를 받을 때라면 애초에 세운 목표에 얼마나 가까워졌는지 돌이켜보며 마음을 다잡을 필요도 있습니다. '과정이야말로 모든 노력의 시작과 끝이며, 결과는 그 노력의 대가다.'라고 하겠습니다. 뱃살 빼기가 '과정'이라면 오래 살기가 '결과'인 셈이지요.

행복의 이유는 사람마다 제각각입니다. 흔히 사람의 오복五福으로서 수壽, 부富, 강녕康寧, 유호덕攸好德, 고종명考終命을 듭니다만, 이 기준은 저마다 달라서 일상의 소소한 기쁨을 진정한 행복으로 여길 수도 있습니다. 밤늦게 가게 문을 닫으며 "오늘도 장사 잘했네!"라고 말할 때의 기분, 퇴근길에 순대와 떡볶이를 사서 가족과 함께 먹는 시간, 혹은 노랗게 물든 은행나무 거리를 거닐 때의 마음 포근함 등에서 행복을 느끼는 경우입니다. 큰 재산을 일구는 것 자체나, 권력을 추구하는 성향이라면 힘 있는 자리에서 보람 있는 일을 하는 게 행복일 수도 있습니다. 사회를 바꾸고 세상을 바꾸는 이상을 펼침으로써 큰 긍지와 기쁨을 느낀다면 이 역시 그의 행복입니다. 선택은 자유이고, 어느 것도 틀리지 않습니다.

두 친구가 있습니다. 한 친구는 허황된 욕심을 내지 않고 프로토콜에 따라 세상의 답을 충실히 따르는 사람입니다. 또 한 친구는 자기만의 아이디어와 확신으로 앞장서서 세상을 이끌려고 노력하는 사람입니다. 이 둘 중에 누가 성공의 개연성이 더 높을까요?

성공의 신은 전자의 손을 들어줄 가능성이 큽니다. 후자는 일을 크게 벌이기는 해도 실현하지 못할 우려가 크기 때문입니다. 일의 진척이 없으면 몽상가, 심하면 사기꾼 소리를 듣기에 딱 좋습니다. 그런데 당대가 아니라 100년, 200년의 세월을 놓고 보면 후자가 오히려 인정받고 세상에 크게 이바지할지도 모릅니다. 전자의 안정된 삶은 누구도 기억하지 않을 테지만, 혁신을 추구한 후자의 삶은 두고두고 사람들의 입에 오르내릴 수 있겠지요.

한편으로 어느 쪽에도 들지 않는 타입이 있습니다. 안정을 추구하지도 혁신을 꿈꾸지도 않지만, 그는 우연히 누군가가 제안한 놀라운 방법 중 하나를 현실의 도구로 만들어 세상에 내놓습니다. 최후의 승자는 바로 이 사람이지요. 아이디어를 상품으로 현실화한 사람이 '따봉'이 되는 게 세상에서 이른바 대박을 치는 삶의 전형이 아닐까요? 세 가지 경우 모두 가치 있는 선택이라고 믿지만, 선택의 순간에 모든 걸 바꾸고 되돌릴 수는 없습니다.

어렸을 때 돌아가신 아버지가 물려주신 그림이 하나 있습니다. 집안 구석에 넣어 놓고 지내다가 30년쯤 지난 어느 날 잘 아는 예술가 선생님에게 여쭤봤더니 대단한 가치를 지닌 그림이라는 말을 들었습니다. 지금 당장 팔아도 꽤 큰돈을 받는다고 합니다. 그토록 값진 물건이라면 과연 팔아서 현금화하는 게 나을까요? 아니면 가지고 있는 게 나을까요? 주변의 조언은 다들 제각각이었는데, 결국 지금까지 그냥 놔두고 있습니다. 당장에 번거로워서 그렇기도 한데, 나중에 처분하더라도 딱히 후회는 없을 듯합니다. 어느 쪽을 선택하든 다 의미가 있고 가치가 있을 테니까요. 아무 선택을 하지 않는 것 역시 또 하나의 선택이겠네요. 땅속에 묻힌 문화재가 누구의 손길도 닿지 않아 가장 안전하게 보존되듯이.

'노란 숲속에 길이 두 갈래로 났었습니다'로 시작하는 〈가지 않은 길〉(The road not taken, 로버트 프로스트, 피천득 옮김)이라는 시가 있지요.

…… (전략)
훗날에 훗날에 나는 어디선가
한숨을 쉬며 이야기할 것입니다.
숲속에 두 갈래 길이 있었다고,
나는 사람이 적게 간 길을 택하였다고,
그리고 그것 때문에 모든 것이 달라졌다고

이 시는 인생의 선택과 그에 대한 회한을 노래합니다. 사람은 누구나 앞에 놓인 여러 갈래 길 중 하나를 선택할 수밖에 없고, 훗날 자신이 가지 않았던 인생행로에의 아쉬움을 느끼게 마련입니다.

한 번뿐인 삶에서 한번 선택하면 다시는 되돌리지 못하는 게 삶이니, 하나의 선택은 그만한 다른 가치의 포기가 맞습니다. 한편으로는 그냥 다른 길로 온 것이지요. 예전에 선택하지 않았던 길이 훗날 다시 내가 가는 길로 모일 수도 있고, 어느 쪽이 지름길인지는 어차피 지나봐야 아는 것입니다.

20

소통, 잘 통하려면

논리 정연하게 말을 잘하는 사람이 참 부럽습니다. 이야기를 조리 있고 재미있게 하고, 발표도 능수능란하고, 그래서 사람을 설득하는 능력이 뛰어난 이들은 날 때부터 그런 재주를 타고나는 걸까요? 저 역시 학생들의 눈과 귀를 사로잡는 것까지는 아니더라도 이해하기 쉽게 가르치고 설득력 있게 조언해야 하는 입장이다 보니 말 잘하는 법을 배우려 고민을 많이 했습니다. 그러다가 어느 날 문득 깨달았습니다.

'말을 잘하기보다 남의 말을 잘 듣는 게 더 중요하지 않을까?'

사실 저는 말을 조리 있게 잘하는 편이 아닙니다. 아직도 상대가 훅 밀고 들어오면 우물쭈물 대답하곤 합니다. 한두 템포 늦춰서 대답하는데도 핵심을 비껴가거나, 동문서답을 해 상대방이 황당해할 때도 있습

206

니다. 하지만 말을 잘해야 하고 때로는 말싸움 기술도 익혀야 하는 처지임에도 불구하고 남의 말을 잘 들어 주는 게 먼저라고 생각합니다. 상대방의 말을 잘 듣고 이해를 해야 엉뚱한 실수를 하지 않을뿐더러, 사방에 널린 세상의 가르침 또한 있는 그대로 받아들일 수 있기 때문입니다. 세상에는 좋은 생각과 따뜻한 마음을 가진 이들, 삶의 지혜를 깨닫게 해주는 존재들이 많습니다. 예전에는 다른 데 정신이 팔려 있었을까요? 왜 이런 모습들이 눈에 잘 들어오지 않았는지 모르겠고, 한편으로는 참 아쉽습니다.

온통 자기가 잘났다고 내세우기를 좋아하는 세상이라 잘 들어 주는 태도가 더욱 중요할 수도 있겠다는 생각이 듭니다. 본능인지는 잘 모르겠지만, 기본적으로 사람은 자기 이야기를 하기 좋아하고 그것을 사회성을 높이는 도구로 활용하는 존재입니다. 저 또한 이야기하는 것을 좋아하지요. 반면에 남이 하는 말에는 집중력이 떨어지는 편이라, 대화의 핵심을 잘 파악해 시의적절하게 되받아치는 재주를 지닌 사람이 부럽기까지 합니다.

머리로는 이해하고 있어도 '남의 말 잘 들어 주기'의 중요성을 일상에서 실천하기는 꽤 어렵습니다. 물론 그 효과만큼은 결코 작지 않습니다. 신이 나서 말하는 사람에게 대화 중간에 추임새만 살짝 넣으면서 들어 줘도 '선생님과는 말이 잘 통하는 거 같아요!'라며 좋아합니다. 내 이야기를 섞는 게 아니라, 거의 상대방 혼자 떠들고 이쪽은 줄곧 듣기만 하는데도 말입니다. 여기에 더해 상대방의 말을 잘 이해해 그 핵심 의도를 파악하는 능력은 정말 중요하다고 하겠습니다.

저는 아이들을 대상으로 한 멘토링에서 말미에 "공부하는 거 빼놓고 인생 고민 같은 거 있으면 언제든 메일 보내세요."라고 말하곤 합니다. 길어 봤자 한 시간 정도 이야기를 나눠서는 아이들의 고민을 다 이해할 수도 적절한 조언을 해줄 수도 없습니다. 그래서 메일을 보내라고 '꼬시곤' 하는데 연락을 해오는 아이들이 있습니다. 사뭇 진지한 태도로 말이지요. 뒤이은 상담에서 저는 잘 들어 주려고 노력합니다. 특히나 아이들과의 상담에서는 일단 말을 잘 들어 주어야 이후의 대화가 술술 잘 풀리기 때문입니다.

사람들이 주위에 조언을 구할 때 본인이 그 일에 대해 정말 어떻게 해야 할지를 모르는 경우는 잘 없습니다. 대개 본인이 마음속으로 정한 결정을 실행에 옮기기 전에 확인받고 싶어 하는 것인데, 속된 말로 '답정너'(답은 정해져 있으니까 너는 대답만 하면 돼!)인 거지요. 그래서 아이들이나 학생들과 상담할 때는 속마음을 토해내게끔 그들의 이야기를 잠자코 듣다가, 이따금 맞장구를 쳐주곤 합니다. 중간중간에 한두 마디만 찔러 볼 때도 있는데, 그러면 아이들은 흠칫하다가도 그냥 실토, 아니 태연하게 마음속 비밀을 털어놓습니다.

아이나 학생들에게 세상사에 관한 이런저런 고민을 들으며 소통을 이어 가는 게 저로서는 큰 영광입니다. 다만 그들에게 세상살이를 가르치려고 하기보다 '난 그렇게 살았으니 그저 참고하거라.'는 정도에 머물려 합니다. 집에서 쓰디쓴 경험이 있어서입니다. 식구들에게 잔소리만 늘어놓으니 아예 말 상대를 해주지 않으려고 합니다. 어쩌다 제가 '훈화'를 할 기회가 생겨도 이내 말싸움으로 번지기 일쑤입니다. 아직

• • •

상대가 말하지 않는 소리를 잘 듣는 게 중요합니다.
물이 흐르듯 마음이 흘러야 소통이니까……

까지 잘 고쳐지지 않는 고질병인데, 식구들에게 사실 미안하지요. 그래서 적어도 밖에서는 남들의 생각과 말에 귀를 잘 기울이려고 노력하는 것 같습니다.

상대방 입장에서 잘 들어 주기는 진솔한 대화의 기본이고, '최종 판단은 본인 몫으로 남겨 두겠다.'는 그 의지의 연장에 있는 태도입니다. 이는 상대방은 나와 다르며, 대등한 사람으로 존중한다는 의미를 담고 있습니다. 그렇게 눈높이를 맞추다 보면 나이가 저보다 한참 어린 친구라도 그들로부터 제 자신의 삶을 돌아보게 될 때가 있고, 인생의 한 수를 배울 수도 있겠지요. 실제로도 그렇고요.

잘 들어 주는 것 외에 따뜻한 미소도 중요할 것 같습니다. 잘 웃어 주는 게 좋은 분위기를 만들고, 공감의 의미로 받아들여지면서 필요한 경우에 설득의 여지도 높아지기 때문이지요. 표정이 온화하고 자주 미소를 짓는 사람들은 그것만으로도 '사람이 좋아 보인다.'는 평가를 얻습니다. 다만 때와 장소, 사람을 가릴 필요는 있습니다. 나는 분위기를 좋게 만드는 웃음이라고 여겼는데, 상대에 따라서는 자기를 무시하거나 빈정댄다고 받아들일 수도 있을 테니까요.

학생들과 부대끼는 와중에 어느덧 이십여 년의 세월이 훌쩍 지났습니다. 제가 알고 있는 범위 내에서 잘 가르쳐 주고자 노력했고, 학생들과 소통하며 인생 선배로서 세상살이와 관련한 도움을 많이 주고도 싶었습니다. 하지만 언제부터인가 저의 조언이 학생들에게 진심으로 가닿지 않을 수도 있겠다는 생각이 들었습니다. 제가 눈치가 부족해서였을까요? 소통은 내 생각을 상대방에게 밀어 넣는 게 아니라 상대의 생각을 내가 받아들이는 과정이란 사실을 조금씩 깨닫고 있습니다. 업무상 대화가 아닌 상황에서 상대를 배려하는 소통이라면 마땅히 그래야 합니다. 그래서 나이와 경험이 쌓이면서 '고집 센 늙은 당나귀'처럼 내 주장만이 정답인 양 착각할까 걱정됩니다. 내가 가르치는 입장이고, 먼저 살아 봤다고 내 생각이 늘 옳을 리 없습니다. 세상이 내가 살아온 때와는 달라도 한참 달라졌고, 상대가 내가 아닌데 이쪽의 이야기만 쭉 늘어놓으면 그게 마음에는 고사하고 귀에 들어오기나 할까요? 그럴 바에야 대화의 기본에 해당하는 '1. 경청, 2. 공감'에 그치며 입을 다무는 편이 훨씬 낫지요.

세상에는 크게 두 가지의 리더십이 있는 것 같습니다. 카리스마형 리더십과 동반자형 리더십입니다.

카리스마형 리더십은 앞장서서 무리를 이끌어 난관을 헤쳐 가는 타입의 리더십을 말합니다. 명확한 목표와 자신감, 뛰어난 언변과 설득력, 솔선수범하는 태도 등의 덕목을 두루 갖춘, 우리에게 익숙한 '불굴의 지도자' 유형이지요. 난세에 영웅이 나온다는 말이 있듯이 역사의 위인 중에는 카리스마형 리더십을 지닌 이들이 많습니다. '내 사전에 불가능이란 없다.'라는 확신으로 황제가 된 나폴레옹을 비롯해 카이사르, 스티브 잡스, 박정희는 물론, 히틀러나 마오쩌둥毛澤東 등도 그러한 유형으로 볼 수 있습니다.

카리스마형 리더십의 장점은 위기 상황에 강하고 효율적이라는 데 있습니다. 쉽게 말해, 사람들이 싫어하는 검은색 그림만 그리는 녀석에게 검은색으로만 그리는 이유를 묻거나 다른 색 물감을 권유하는 게 아니라, 아예 검은색 물감을 뺏어 버리고 파란색이든 빨간색이든 괜찮아 보이는 물감을 손에 쥐여 주는 방식이지요. 그림은 순식간에 예쁜 파란색, 혹은 빨간색 천지가 되어 버리지만, 그 아이의 마음에는 트라우마를 남길 수 있습니다. 세상이 어지러울 때 이 같은 소수의 희생은 딱히 눈길을 끌지 못합니다. 대다수 사람들은 파란색이나 빨간색 그림을 보며 흐뭇해할 테니까요. 그래서 이 리더십의 단점은, 당면한 목표를 효율적으로 달성하는 반대급부로서 적지 않은 사람들에게 상처를 준다는 데 있습니다. 자칫하면 유아독존식 독재의 길로 빠지며 재앙을 일으키지요. 히틀러가 대표적입니다.

그에 비해 동반자형 리더십은 수평적, 대등적 관계를 바탕으로 갈등을 조절하고, 선의를 이끌어내어 공동체의 문제를 해결하려는 리더의 덕목입니다. 아이의 그림 색이 마음에 안 들면 왜 다른 색이 더 나은지를 애써 설명해 줍니다. 아이와 함께 다른 밝은색 그림을 그려 보기도 하고, 색채 심리학책을 뒤적이며 무슨 좋은 방법이 없을까 고민하기도 합니다. 이렇게 보면 꽤 민주적이기는 한데, 아주아주 비효율적이지요. 리더도 그렇고 따르는 사람들도 사실 골치가 아픕니다. 사람들의 목소리는 다들 제각각이니까요. 시간만 계속 잡아먹는 탁상공론에 빠지기라도 하면 정말 아무것도 못 이룰지 모릅니다. 따지고 보면 다양한 개인의 생각을 하나로 묶는다는 게 쉬울 리 없지요. 그래서 민주주의는 다수결의 원칙과 대의민주주의라는 장치를 마련했을 테고요. 요컨대 동반자형 리더십의 단점은 우유부단함과 비효율성, 그리고 대중의 감성에 호소하는 포퓰리즘에 빠지기 쉽다는 것입니다.

그런데 참 답답할 것도 같은 동반자형 리더십이 요즘 들어 강조되고 있습니다. 사적인 관계에서 특히 그렇습니다. 사람은 동등한 존재이고, 서로를 존중해야 하며, 상대는 내가 아니라는 것을 인정하는 게 소통의 기본 원칙이라고 여겨지기 때문이지요. 동반자형 리더는 이러한 원칙을 지키려고 애씁니다. 이와는 반대로 나를 동등하게 대하지 않고 얕잡아 보거나, 나이나 직위 혹은 능력을 떠벌리며 나를 무시하거나, 마치 내 생각을 다 아는 것처럼 말하는 이가 있다면 누구든 기분이 나쁘겠지요. 당연히 "내가 다 널 생각해서 그러는 거야!"라는 상대의 말은 허구로 들릴 게 뻔합니다.

엔진만 좋다고 명차가 되지는 않습니다. 자동차를 구성하는 요소들이 두루두루 다 좋아야 좋은 차로 취급받지요. 엔진에만 크게 신경 쓰던 시대에서 엔진의 힘을 전달하는 동력계, 바퀴, 브레이크, 프레임, 디자인이나 각종 편의장치 등에 이르기까지 모든 것을 신경 써야 하는 세상으로 바뀌었습니다. 이처럼 다양성을 중시하는 세상에서는 다채로운 색깔을 가진 사람들을 어떻게 조화시키느냐가 관건일 텐데, 이를 위한 가장 기본이 '상대방을 설득할 게 아니라 그들의 생각을 내가 받아들이는 것'이라고 저는 생각합니다. 상대의 말을 잘 들어 주고, 잘 웃어 주면 더 좋을 테고요.

세상이 빠르게 달라지고 있음을 느낍니다. 십 년이면 강산도 변한다는데, 강과 산은 그나마 변한 축에도 못 듭니다. 예전에는 상상도 못 했던 제품들이 하루가 멀다 하고 생겨나고, 사람들의 생각도 더더욱 다양해졌습니다.

연애와 결혼에 대한 가치관도 그중 하나입니다. 저희 때는 연애 때의 풋풋한 사랑이 결혼으로 귀결되곤 했는데, 요즘은 별개로 생각하는 청년들이 많은 듯합니다. 연애를 하면서 거리낌 없이 같이 살다가 아니다 싶으면 바로 쿨하게 헤어집니다. 심지어 평생을 함께 살다가 환갑이 지나서 이혼하는 경우도 있지요. 저만 해도 예전에는 '동거'란 단어가 엄청 부담스럽게 다가왔는데, 요즘은 '뭐, 그럴 수도 있지.'라는 정도로 받아들이는 편입니다.

아마 과거의 공동체적 사고방식에서 벗어나 이웃보다는 나 중심의 사고방식으로 주위의 눈치를 덜 보기 때문이 아닐까 싶습니다. 바야흐로 개인주의 시대의 르네상스입니다. 나 혼자 살며 혼자 놀기에도 참 편한 세상이 되었지요. '혼밥'과 인터넷 개인 방송이 보편화되는 등 이같은 트렌드는 사회 전반에서 두드러지고 있습니다.

그러면서 개인과 개인을 연결해 주는 기술의 진보와 달라진 문화를 경험하게 되었습니다. 직접 얼굴을 맞대고 하는 업무 대신에 화상 회의나 SNS 활용이 흔해졌고, 사무실이 아닌 장소에서도 별다른 문제 없이 일할 수 있게 되었습니다. 제법 규모가 큰 학회를 가봐도 발표장의 참석자가 확연히 줄어든 반면에 개별적인 미팅이나 소규모 연회, 그리고 네트워크를 통한 소통과 협의가 매우 활발해졌음을 피부로 느낍니다. 더욱이 코로나19가 유행하면서부터는 언콘택트uncontact가 급격하게 트렌드로 자리 잡았습니다.

개인주의를 근간으로 하되 개인의 경계를 뛰어넘는 네트워크의 발달과 관련 산업의 혁신은 미래를 앞당기는 동력이 되고 있습니다. 그러니 사람과 사람을 일대일로 끈끈하게 묶어 주던 연애, 결혼에 대한 가치관이 바뀌는 것은 어쩌면 당연해 보이기까지 합니다.

예전에는 자기 학과나 전공을 따라서 졸업 후에도 같은 분야의 기업, 조직에서 활약하는 경우가 대부분이었습니다. 업종과 분야 특성보다는 사회적 대우가 어떤지에 따라 전공 간의 명암이 확연히 갈렸지요. 하지만 지금은 전공 간의 경계가 상당히 엷어졌고, 학문의 경계를 이리저리 뛰어넘는 친구들이 속출하고 있습니다. 그 '멀리뛰기' 솜씨는 점점 화려해지고 있습니다. 생물을 전공한 사람이 여행사나 자동차 회사에 취직하는 현상을 예전에는 전공 선택에 실패한 이의 직장 찾기로 폄하했지만, 이제는 그렇게 하는 것이 새로운 트렌드로 여겨지고 있습니다. 사람의 행동, 신체 특성을 분석하기 위한 생물학적, 의학적 지식이 자동차 설계에 도움이 되고, 식품이나 유제품 관리가 항공 수화물의 안전한 이송에 꼭 필요한 요소가 되기도 하니까요.

학자들은 이 같은 흐름에 융복합convergence이라는 이름을 붙였습니다. 최근의 산업은 정말 많은 학문 분야가 한데 녹아 있습니다. 사람의 병을 고치는 의술만 하더라도 의학 그 자체는 물론이고 치료법 개발을 위한 기초 지식을 제공하는 자연과학, 치료에 필요한 원료를 제공하는 농생명과학, 제공받은 재료를 가공하는 약학, 개발된 기술의 유효성을 입증하는 수의학, 고도화된 제조 기술을 고안하는 공학, 치료 대상자를 돌보기 위한 간호학과 복지학, 그리고 사회적 측면에서 치료 효과를 측정하고 지원하는 보건학, 경제학, 법학 등 여러 분야가 모두 의학 발전에 기여합니다.

학문과 산업 분야의 교류와 이동은 앞으로 점점 활발해질 것인데, 이 역시 소통의 마인드를 따로 떼놓고 생각하기는 어렵습니다. 아무리 이런저런 용어를 붙이고 새로운 개념을 정립하더라도 기본적으로는 다 사람이 하는 일이기 때문입니다. 사람이 하는 일이라서 상대에 대한 이해가 필수이고, 서로가 공유하는 가치관이 일을 추진하는 데 기초적이고도 중요한 요소로 기능합니다. 이때 사람들 간 공유의 핵심은 상대방에 대한 이해와 존중입니다.

개인의 가치와 생각을 중요시하는 사회에 우리는 살고 있습니다. 국가나 공동체가 아무리 다수의 선과 안전을 위해 통제하려 해도 개인을 소중히 여기는 이 흐름은 바뀔 수 없는 '시대정신'이 되었습니다. 사람들 저마다의 색깔 또한 더욱 다채로워지고 있는데, 그것들을 사회가 나아지는 방향으로 엮어 주는 게 바로 소통의 기술이 아닐까 싶습니다. 이진법의 단순한 연산 능력을 조합하던 수준에서 여러 가지 조건을 모아 정밀하게 분석하고, 세상의 정보를 딥러닝과 패터닝을 한 후, 인공지능으로까지 발전시킨 것이 우리 인간입니다. 사람들 개개인의 색깔이 빛을 발할수록, 그와 함께 더욱 잘 엮은 결과물을 만들어낼수록 미래는 한층 밝아질 것입니다.

예전에 어떤 일 때문에 우리 교실 대학원생을 전화로 야단친 적이 있습니다. 그 모습을 보던 아내가 바로 뭐라 합니다. '제자들 좀 편히 지내게 냅둬!'라고요. 그러고는 한마디 더 보탭니다. 교수들의 가장 큰 착각은 '다른 연구실과 달리 우리 학생들은 자신을 좋아한다.'라고 생각하는 것이랍니다. 큰아이한테 들었다면서요.

아, 요즘이야 학생들의 실수나 잘못에 대해 '부드럽게' 지적하는 정도에 그치고 칭찬을 늘리려고 애쓰고 있습니다. 애정이 있으니까 언성도 높아진다고 볼 수 있겠지만, 세상 분위기가 바뀌며 학생의 입장에서 이해하고 인권을 존중하는 사제 간의 소통이 필수 덕목이 되었습니다. 학교뿐 아니라 가정 내, 남녀, 세대 간 소통에도 서로를 더욱 존중해야 하는 바람직한 변화가 일어나고 있고요.

지금보다 나은 삶

마음이 참담해 주위를 둘러싼 모든 게 지옥으로 느껴질 때가 있습니다. 저 역시 사춘기 때에 그러한 경험이 있었습니다. 세상이 싫었고, 사는 것도 싫었고, 제 자신을 좋아할 수도 없었지요. 저란 인간이 한없이 보잘것없이 느껴지는 데 더해 세상 역시 악과 불의로 겹겹이 싸여 있는 듯 보였습니다. 세상을 이해하는 것은 고사하고 살아가는 것 자체가 괴로운 일투성이였습니다. 시간이 흘러 친구들과 어울리면서 복잡한 마음을 뚝 잘라내기 시작했습니다. 저를 괴롭혔던 마음이 서서히 누그러지면서 차츰 자신감을 되찾을 수 있었습니다. 시간과 사람이 약이었던 셈이지요.

어린 시절, 한때의 방황은 사람마다 정도의 차이가 있을 뿐 다들 겪는 일이니 성장통이라고 해야 할까요? 하지만 살아갈 날들이 많은 아이들이 세상을 부정적이고 고통스럽게 바라보는 게 참으로 안타깝습니다. 불만과 괴로움이 머릿속에 가득 찬 채 청년으로 자란 그들은 어른들이 이해할 수 있는 범위 밖에서 살아갑니다. 그 세계는 기성세대의 가치관으로는 해석이 불가능할 것 같습니다. 그들은 인터넷이라는 정보의 바다 한가운데에서 현실과 가상 세계를 넘나들며 세상의 이치를 자신들 멋대로, 기성세대를 '까면서' 호소력 있게 해석합니다. 사회의 규율과 도리는 거리낌 없이 무시해 버리지요. 하지만 부모님과 학교 선생님들은 그들의 어려움을 그냥 지나쳐 버립니다. 겉으로 보기에는 양순한지라 그처럼 큰 고뇌가 있으리라고는 생각을 못 할뿐더러, 당장의 입시 준비가 훨씬 중요하다고 믿기 때문입니다. 오히려 '공부나 해!'라며 거세게 몰아붙일 따름이지요.

아이들이 세상을 부정적으로 보는 데는 대개 한두 가지 직접적인 계기가 있습니다. 아이들 입장에서 쉽사리 받아들이기 어려운 것들입니다. 여러 밝은 색깔을 풀어 놓은 물감에 검은색이 조금이라도 들어가면 전체가 다 어두워지지요. '유채색 + 무채색 = 무채색'이 되는 원리처럼 세상 모든 일의 저변에는 온갖 부조리와 불의가 깔려 있다고 믿게 됩니다. 암울함으로 물든 삶의 풍경에서 밝고 경쾌함은 찾아보기 어렵습니다. 삶의 내공이 깊은 사람이라면 세상을 있는 그대로 보겠지만, 어려서부터 어두운 색안경을 끼고 살아온 사람들은 그 너머로 보이는 암울한 색채를 실제로 받아들일 것입니다.

우리가 어떤 프레임으로 보는지에 따라 세상은 온정과 희망이 가득한 사회일 수도, 약육강식의 냉정한 사회일 수도 있습니다. 긍정적인 생각과 삶의 자세가 중요한 이유이지요. 같은 무채색이라도 하얀색을 섞으면 전체 색깔이 밝게 보일 텐데, 구태여 어두운 렌즈를 끼고 살 필요는 없지 있을까요?

바른 삶의 자세를 가르치는 교육이 무엇보다 중요한데, 엉뚱하게도 입시가 교육의 자리를 대신해 버렸습니다. 어떻게든 남들보다 뛰어나야 하고, 눈앞의 목적을 이루기 위해서는 삶의 소중한 가치들에 마음을 줄 여유가 없습니다. 아이들이 세상을 바라볼 때 검은색 선글라스를 쓸 수밖에 없는 형국이 된 것입니다. 그 때문에 세상 전체가 어둡게 보이는 것은 물론 구석구석이 제대로 보이지도 않습니다. 잘 보이지 않으니 세상이 주는 이런저런 기회를 놓치게 되고, 아이들의 불만과 좌절감은 커져만 갑니다.

마음이 힘들고 점점 더 외로워지는 아이들은 슬슬 '사고'를 치기 시작합니다. 어른들 눈에 좋아 보일 리 없지요. '세상의 질서를 무시한다.', '제 잇속만 챙긴다.', '싹수가 없다.'라는 식으로 아이들을 몰아붙입니다. 그럴수록 아이들은 냉소와 비판이라는 무기로 더 세게 맞섭니다. 절망과 반항이 감성으로 덧칠되어 네트워크를 타고 세상에 확 퍼지면서 그들은 더욱 열광합니다. 자신들을 속박하는 세상을 말과 영상으로 부수어 버리니 얼마나 통쾌할까요. 그러고 나서 그냥 끝입니다. 세상을 비웃어 주고 SNS 클릭 수가 증가하면서 목적이 달성됐다고 생각하기 때문입니다.

기성세대는 시끄럽게 떠드는 젊은이들의 말과 생각에 공감하는 척하지만, 세상이 흔들리는 것을 용납하지 않습니다. 그들은 기본적으로 지켜야 할 것들이 많습니다. 그것이 재산이든, 명성이든, 자신의 가족이든 말이지요. 다수 청년들의 아우성은 바위와도 같은 기성세대의 견고함에 부딪혀 안개처럼 흩어지고 맙니다. 대신에 기성세대는 그들이 원하는 조건과 건전한(?) 생각을 갖춘 일부 젊은이만을 엄선해 자신들 울타리 안으로 픽업합니다. 그 울타리 안에서 그들은 길들여지고, 가정을 꾸리고, 새로운 기성세대가 되지요. 한때 자유분방한 세상에서 열정적인 삶을 꿈꾸었을 그들이 시스템에 순응하게 되는 모습은 소설 《1984》의 주인공 윈스턴과도 겹쳐집니다. 한편, 기성세대에게 선택받지 못한 또래 청년들은 세상의 어둠에 익숙해진 그대로입니다. 지켜야 할 게 새로 생긴 젊은이와 어둠에 갇힌 젊은이들 사이에 보이지 않는 벽이 가로막고, 둘의 화해는 점점 멀어집니다.

청년들이 사회의 부조리를 비판만 하고, 그러다 포기하거나 순응하게 만드는 것은 사회의 좋은 모습이 아닙니다. 무엇보다 비판의 원인을 제공했으면서도 청년들에 대한 배려가 부족한 기성세대의 책임이 크다고 생각합니다. 기성세대는 살아온 시간, 생각하는 방식이 다른데도 자신들의 경험을 청년들의 머릿속에 무작정 집어넣으려고만 합니다. 만약 어른들 생각대로 움직여 주지 않으면 "넌 왜 그리 의지가 약해?"라거나 "요즘 애들은 약아서 어떤 일도 못 시키겠어."라는 식으로 무시하기 일쑤입니다.

결국 기댈 곳은 자신밖에 없습니다. 세상을 긍정적으로 보기 위해서는 긍정의 경험이 잔뜩 쌓여야 하지만, 하루아침에 이루어지는 일은 아니지요. 지킬 게 많은 어른들은 본인들 생각에서 벗어나는 젊은이들을 어떻게 다뤄야 할지 잘 알지 못하고 도와주기도 어렵습니다.

　스스로를 바꿀 수 있는 용기는 자신에 대한 믿음에서 출발합니다. 가진 자들의 '갑질'이나 막무가내 행동도 알고 보면 열등감과 자격지심에서 비롯하지요. 즉, 자신에 대한 믿음 결핍 상태입니다. 나에 대한 믿음이 있어야 남들 앞에서도 당당할 수 있으니, 스스로를 믿는 마음은 사회생활의 훌륭한 도구이기도 합니다.

　무엇보다, 스스로에 대한 믿음은 나를 움직이는 힘입니다. 공부를 열심히 하면 성적이 올라갈 거라고 믿으니까 밤새워 공부하는 것이지요. 반면에 실패만 하는 사람은 '나는 뭘 해도 안 돼.'라는 선입견 때문에 더는 노력하지 않게 되고요.

　무엇을 믿든 개인의 자유이지만, 지금 당장은 힘들어도 내일은 좀 더 나아질 것이라고 믿고, 묵묵히 최선을 다하다 보면 언젠가는 세상에서도 인정해 주겠지, 라는 믿음을 가진다면 참 좋을 것 같습니다. '현실이 시궁창인데, 어떻게 장밋빛 희망을 가질 수 있냐고요!'라는 의문이 들 수도 있을 텐데, 막연한 희망이라면 물론 안 되지요. 내가 어떻게 할 수 없는 것들은 일단 접어 두고, 할 수 있는 일들에 대해 계획하고, 실천하고, 잘될 거라 믿는 것입니다. 그리고 믿음은 의외로 쉽게 깨지니까 한두 번 믿음이 어긋났다고 해서 실망하는 일은 없어야 하겠습니다. 아직 때가 아닐 뿐이니까요.

　밝고 진취적인 삶을 위해 스스로에 대한 믿음을 가져야 하는 게 첫 번째고, 그다음으로 필요한 것은 기다림의 태도가 아닐까 싶습니다. 만약 제게 성공하는 삶을 위한 단 하나의 문장을 들라고 하면 저는 이것으로 하겠습니다.

'인생의 열매는 노력하며 기다리는 자에게 주어진다.'

저만 그런 걸까요? 저는 스포츠 국가 대항전이나 좋아하는 팀의 중요한 경기는 중계방송을 보지 않고 결과만 훔쳐보는 습성이 있습니다. 경기 시간 내내 가슴 졸이며 신경 쓰는 게 싫고, 행여 응원하는 선수의 플레이가 부진해서 경기를 망치면 그것대로 스트레스를 받기 때문입니다. 정 궁금할 때는 스마트폰으로 중간 결과만 흘끗 보거나, 아파트 단지에서 함성이 울려 퍼지면 그제야 '우리가 이기겠거니' 하며 마음 놓고 TV를 켜기도 하고요.

그러고 보면 인생은 내내 노력한 결과를 마음 졸이며 기다리는 과정의 연속 같습니다. 고등학교 졸업 무렵에는 수능 시험을 가채점한 결과가 제대로 나올지 조마조마하게 기다리고, 대학 졸업 때는 입사 시험 결과를 애간장을 태우며 기다립니다. 회사에서 중요한 계약 혹은 승진을 앞두거나, 새집으로의 이사, 출산 등등 삶에는 기다림의 시간이 상당히 많습니다. 한 번의 기다림이 끝나면 곧바로 또 다른 기다림의 시간이 이어집니다. 결과를 기다리고, 그 결과에 따라 기뻐하거나 낙담하고, 그러고 나서 또다시 새로운 뭔가를 시작하는 게 우리의 인생이지요. 노력과 기다림의 시간은 참 힘겹습니다. 그래서 마음 졸이는 게 싫어 일부러 외면해 보려고도 하지만, 얼마 못 가서 자꾸 상황을 들춰 보는 게 사람의 마음입니다.

기다림의 시간은 새로운 목표를 향한 도전의 시간이기도 합니다. 과정이 힘들면 힘들수록 성취의 대가는 더욱 크게 다가올 것입니다. 내가 꼭 이뤄야 할 게 있으므로 지금이 힘든 거라고 여겨도 좋습니다. 죽도록 고생만 하고 이렇다 할 결과를 얻지 못할 수도 있는데(횡재하는 삶도 물론 있겠지만), 흔한 일은 아닐 것입니다. 노력과 성취는 정비례 곡선을 그리게 마련이니 매일의 노력을 차곡차곡 쌓아야지요.

목표가 무엇이건 그것에 도전하는 데서 느끼는 성취감도 있습니다. 사람은 뭔가 스스로 이루었을 때 희열을 느끼게끔 진화해온 존재입니다. 아무 걱정 없고 딱히 하는 일도 없는 삶이 행복할 것 같고 부럽기도 하지만, 실제로는 그 반대입니다. 책 제목인지 광고 카피인지 '도전하는 삶이 아름답다.'라는 문구를 본 적이 있습니다만, 인간의 삶은 도전 그 자체인지도 모르겠습니다. 굳이 정상을 정복해서가 아니라, 고지를 향해 땀 흘리며 한 발 한 발 내딛는 모습이 소중하고 가치 있게 느껴지는 이유입니다.

어렸을 적에 기억에 남는 영어 명언 중에 '소년이여, 야망을 가져라!(Boys, be ambitious!)'라는 '선동적인' 문구가 있었습니다. 19세기 말에 일본 삿포로 대학(현 홋카이도 대학)에서 식물학을 가르친 미국인 윌리엄 클라크 박사가 한 말입니다. 예전에는 학교에서도 '원대한 꿈을 가져라.', '꿈은 클수록 좋다.'라는 식으로 가르쳤던 듯한데, 지금 생각으로는 삶의 목표가 그처럼 거창하지 않아도 괜찮을 것 같습니다. 목표가 크든 작든 본인이 하고 싶은 일을 찾아가는 게 행복한 삶의 지름길이라고 믿기 때문입니다. 괜히 자신도 감당 못 하는 목표에 빠져 허우적대다가 결국 나쁜 마음을 먹게 되고, 엉뚱한 결과로 끝맺는 모습을 종종 보기도 하니까요.

삶의 목표를 정할 때 '누구를 위해, 그리고 무엇을 위해?'라는 물음을 붙여 보면 어떤 목표를 세워야 할지가 좀 더 명확해집니다. 나를 위한 목표라면 내가 좋아하고 잘할 수 있는 일을 찾아야 할 것이고, 남들에게 잘 보이기 위한 목표가 더 중요하다면 그 길로 갈 수도 있습니다. 행여 후자의 길로 정했다고 한들 누가 뭐라고 할 문제는 아닙니다. 그 길을 선택한 본인이 원한 일이고, 감당할 문제이니까요.

단지, 어떤 일을 하고 무엇을 이루든 나눔의 가치 실천을 잊지 않았으면 좋겠습니다. 가진 게 많고 이루어 놓은 것들마저 제법 쌓였으면 얼마간 세상에 풀어 놓아야 더욱 빛이 납니다. 봉사하는 삶을 살라는 게 아닙니다. 나를 위해서라도 그렇게 하는 게 낫다는 의미입니다. 내 삶과 세상은 동떨어져 있지 않으니까요. 내게 넘치는 부분은 주위에 조금 나누고, 마찬가지로 내게 부족한 부분이 있으면 기꺼이 도움을 받는 것입니다.

세상은 참 불공평합니다. 부조리도 많습니다. 정치인이든 사업가든, 심지어 학자나 공부하는 학생들을 보면서도 엉망진창이라는 생각이 들 때가 솔직히 있습니다. 그래도 아직 상식이 통하고 세상 또한 큰 탈 없이 돌아가는 이유는, 보다 나은 세상을 위해 노심초사하는 사람들이 많아서일 것입니다. 기성세대뿐 아니라 사회의 기존 시스템에 맞서는 청년들 중에도 그런 분들이 많습니다.

지금의 기성세대가 각자도생의 삶을 통해 오늘의 대한민국을 이루었다면 앞으로의 세상은 화해의 시간으로 만들어야지요. 혼자만 잘 살면 사실 별 재미가 없을 것 같기도 합니다. 가끔씩 아웅다웅하는 일은 있어도, 서로가 가진 것들을 주거니 받거니 하면서 저마다 '보다 나은 삶'을 찾아가는 세상이면 좋을 것 같습니다.

살며 배우며 쉬어가며

저는 교수가 된 지 25년쯤 지났고 정년 퇴임까지는 이제 7~8년 정도 남았습니다. 30년 이상 교단에 서게 되는 거지요. 저에게 선생님이 계셨던 기간은 초등학교 때부터 시작해 연구원 생활을 끝내기까지 약 30년의 세월이 있었으니, 어느덧 배웠던 시간과 가르친 시간이 비슷해져 가고 있습니다.

제가 여태 가르쳐온 것들을 돌이켜보면서, 저 스스로의 창의적 지식이나 기발한 아이디어를 가르치지는 않았다는 사실을 깨닫습니다. 여러 선생님에게 배운 것들과 그 후에 알게 된 다른 학자들의 업적을 정리해 학생들에게 전달하는 게 교육자로서의 역할이었던 것이지요. 문득 '제 선생님들도 그랬을까?'라는 궁금증이 생겼습니다. 예전에는 지금보다 훨씬 생활이 어려웠고 과학 수준도 요즘에 비하면 한참 뒤떨어졌습니다만, 제 선생님들 또한 저처럼 '선생님들의 선생님'에게 배운 내용을 주로 저희에게 가르치셨겠지요. 학문의 엄청난 발달을 생각하면 학생들에게 전달한 지식의 수준은 지금에 비해 뒤처졌을지 모르나 지식의 전달 양만큼은 별반 차이가 없을 것 같은, 아니 저보다 훨씬 많을 거라는 생각이 들었습니다. 제가 훨씬 깊이 있는 내용을 가르쳤을 텐데, 왜 비슷한 정도를 가르쳤다는 느낌이 드는 걸까요?

학생들과 선생님이 만나는 기회와 시간은 옛날이나 지금이나 비슷할 것입니다. 그 비슷한 시간 동안 선생님들은 저를 가르쳤고, 지금의 저 역시 학생들을 가르치고 있습니다. 그런데 큰 차이점이 있다는 것을 알게 되었습니다. 제가 선생님들에게 배운 것은 학문적 지식뿐 아니라 그분들의 삶도 함께였습니다. 옛날 학생들이 선생님들을 지금보다는 더 존경하고 좋아해서 그런지는 모르겠습니다. 그에 비해 제 제자들이 저를 존경하면서 그 삶을 배우려 하지는 않을 것 같습니다. 제가 생각해도 '세상과 치고받는 기술'(?)을 빼면 학생들이 저에게 배울 게 별로 없지 않을까 싶습니다.

일전에 대학의 보직을 맡았을 때 직원들과 함께 식사하면서 옛 교수님들을 그리워하는 이야기를 들은 적이 있습니다. 그때는 교수님들의 권위가 엄청났던 시절이었지요. 교수와 직원 사이에도 아주 높은 벽이 있었습니다. 소통은 언감생심, 권위적이고 어찌 보면 고압적이기까지 했던 옛 교수님들이 직원 입장에서는 참 대하기 어려웠을 것입니다. 하지만 직원들은 자신들이 신입이었던 시절에 함께했던 그분들을 '늘 감싸 주고 푸근함을 지니신, 삶을 따라 배우고 싶은 분들'로 기억하고 있었습니다.

스승과 제자는 뭔가를 직접 알려 주지 않아도 배움을 주고받을 수 있는 관계입니다. 학교에서 사제의 연을 맺지 않았어도 내가 배움을 얻고자 하는 이가 있으면 그가 곧 스승이지요. 굳이 하나하나 알려 주지 않아도 평소의 모습과 언변에서 가르침을 얻습니다. 고대 그리스의 철학 스승이었던 탈레스, 아르키메데스, 소크라테스가 그랬고 그 뒤를 이은 수많은 선각자들 역시 크게 다르지 않았을 것 같습니다.

당대를 이끄는 큰 스승이라고 해도 그분들이 새로운 지식만을 가르치지는 않습니다. 세상을 바꾸는 뛰어난 발견과 발명, 사상은 교과서를 통해 학생들에게 곧바로 제공되는 게 아닙니다. 논문이라는 짧은 기고문 형태로 세상에 알려지면서, 해당 분야 연구자들에게 '지식'으로 인정받은 후 비로소 교과서에 실리는 것이지요. 가르침과 배움의 행위는 진취적이라기보다는 보편타당한 지식을 나누는 데 있습니다. 연구자들은 교과서에 자신의 업적이 한 줄이라도 실리는 것을 최고의 영광으로 여깁니다. 이 같은 학문적 업적과는 별도로 스승의 평소 철학이나 삶의 자세 또한 여러 매개체를 통해 제자들과 뭇 사람들에게 알려지고, 시대를 넘어 후세에도 전해집니다.

그런데 요즘은 전혀 다릅니다. 전문성이 더욱 중시되고 최첨단의 정보를 빨리 입수하는 게 어느 때보다 중요해졌습니다. 구글 같은 새로운 개념의 '선생'이 화려하게 등장했지요. 게다가 유튜브나 SNS에도 수준 높고 날카로운 의견들이 시공을 넘어 퍼지고 있습니다. 이제는 선생이 학교뿐 아니라 도처에 널려 있는 형국입니다. 인터넷 강의가 활성화되어 구태여 학교를 가지 않아도 이 대학 저 대학의 훌륭한 교수들 강의를 들으며 공부할 수 있게 되었습니다. 물론 단점도 보입니다. 수많은 정보들이 제대로 검증받지 않은 채 이리저리 날아다니지요. 구글에서 찾아보면 똑같은 주제의 정보라도 다르게 해석하는 자료가 수두룩합니다. 여러 측면을 두루 볼 수 있다는 것은 장점이지만, 왜곡되거나 틀린 자료도 꽤 있습니다.

이런 상황에서 전통적인 스승의 역할이 달라지고 있습니다. 전문 지식을 가르치는 것 이상으로 학생들이 정보를 올바르게 찾고 해석하도록 도와주는 길잡이로서의 역할이 강조되고 있습니다. 지금까지는 강사lecturer의 역할이 중요했다면, 앞으로의 선생은 학습 조력자tutor로서의 역할 비중이 커집니다. 결국 무엇을 배울지는 학생의 몫으로 넘어왔습니다. 이른바 자기 주도 학습이나 수요자 중심형 학습의 세상이 펼쳐지는 것입니다. 이런 변화가 쉽지는 않은 듯합니다. 자기 주도로 하는 공부에 학생들이 큰 부담감을 느끼곤 하지요. 학교에서 배움이 모자라 과외나 학원을 통해 꾸역꾸역 머릿속에 지식을 주입했던 중고등학교 시절의 방식에서 벗어나기가 어려운 것입니다. 선생님들 입장도 마찬가지이지요. 줌이나 강의 동영상을 준비하며 학생들 반응을 모르는 채 '벽에 소리치는' 방식으로 강의하는 일이 많아졌습니다.

학교는 보이고 싶은 것만 가르쳐 주는 곳입니다. 평가가 엇갈리는 정보와 지식, 비범한 발상, 혹은 학생들 내면의 문제들에 대해 강의실에서 알려 주지는 않습니다. 하지만 학교에서 제공하는 정형화된 지식만으로 세상을 헤쳐 나가기에는 역부족입니다. 학교에서 챙겨 주는 것보다 학생들이 필요로 하는 것들이 훨씬 많아졌기 때문이지요. 그래서 조력자인 선생의 역할이 더욱 중요해졌습니다만, 지금의 학교와 선생님들이 그 역할을 제대로 해낼지는 잘 모르겠습니다. 변화하는 세상에 발맞추려면 독점적 지식 전달자로서의 학교 지위, 스승의 전통적 권위의식, 학계의 폐쇄적 행태 등을 많이 내려놓고 세상 모두에게 열려 있어야 하는데, 쉬운 일이 아닙니다. 이제껏 누렸던 것들이 잘못되거나 사악한 게 아니라서 더더욱 내려놓기가 힘들지요.

학교에서 세상살이에 필요한 것들을 다 알려 주는 게 아니라면, 앞으로의 세상에서는 스스로 배움을 구하려는 태도가 더욱 중요할 것 같습니다. 그런데 뭘 배워야 할까요? 이는 각자가 풀어야 할 문제입니다. 자기의 전공이나 관심 분야를 중심으로 생각을 넓히다 보면 배우고 싶거나, 꼭 배워야겠다는 주제들이 눈에 들어올 것입니다. 그럼에도 좀처럼 감이 잡히지 않는다면 요즘 세상의 트렌드가 무엇인지 유심히 살펴보기를 권합니다.

아무리 큰돈 들이고 정성 들여 만든 드라마, 영화라도 시청자나 관객이 찾지 않으면 그것으로 끝입니다. 실패한 작품이 되고 말지요. 사실 어떤 영상 제작자도 일을 대충 하지는 않습니다. 다들 목숨 걸고 작품을 만듭니다. 그런데도 어떤 작품에는 관객이 몰리고 어떤 작품에는 파리만 날립니다. 무엇이 이런 차이를 만들까요? 저는 그 핵심이 트렌드에 있다고 생각합니다. 트렌드는 현재 어떤 분야의 큰 흐름, 경향성을 뜻하지요. 앞으로의 추세와 미래 예측을 제대로 못 하면 어떤 분야

건 다들 힘들어지는 것 같습니다. 자칫 포퓰리즘으로 오해받기 쉽지만, 단순히 대중적 인기를 추구하는 것과 세상의 흐름을 읽는 것은 엄연히 다릅니다. 성공 아니면 실패, 가져야 할 것 아니면 버려야 할 것으로 나뉘는 이분법적 논리에서 벗어나 세상과 사람들의 생각 흐름, 그리고 거기에 맞춰 나를 변화시키는 작업이 필요합니다.

세상의 거의 모든 산업 분야에도 트렌드가 있고, 그 흐름을 읽는 사람에게 더 많은 기회가 주어집니다. 그는 세상의 잔바람에 흔들리는 일이 적습니다. 세상의 변화가 낯설지 않으니 새로운 변화의 바람에 더욱 빨리 익숙해질 테고, 변화를 한껏 즐길 수도 있을 것입니다. 그렇다면 세상의 트렌드는 어떻게 엿볼 수 있을까요? 평소 사회 변화와 첨단 기술 동향에 꾸준히 관심을 가지고, 단순히 전공 서적만이 아닌 경제, 경영, 역사 혹은 미래 예측과 관련한 책뿐 아니라 인터넷 사이트, 유튜브나 포털 등을 많이 접해야 합니다. 아마 학교에서 이런 답을 알려 주기는 어려울 테지요.

여기에 대해 제가 드리고 싶은 조언은 '하던 일을 멈추고 쉬어가기' 입니다. 적어도 치열한 삶 속에서 잠시나마 쉴 수 있는 용기를 가져야 합니다. "돌격 앞으로!" 명령을 받은 삶의 전투에서 일단은 벗어나야 하는 거지요. 싸움이 한창인데 이것저것 둘러볼 여유는 없습니다. 당장에 적의 목, 아니면 내 목이 달아나는 상황에서 세상의 변화 따위가 눈에 들어올 리 만무합니다. 그렇게 적의 수급을 몇 개 더 취하고자 스스로 피투성이가 되기보다는 뒤로 멀찍이 물러나서 전장의 흐름을 읽어야 판세가 보입니다. 병력 현황과 병사들의 사기를 돌아보고, 보급품을 확인하고, 아군과 적군의 배치 현황을 파악해 새로운 전략을 준비합니다. 이는 전투를 넘어 전쟁을 지휘하는 장수에게는 승리의 필요충분 요건입니다.

우리가 살아가는 일도 마찬가지가 아닐까 싶습니다. 하루하루 사는 게 전쟁 같은 삶이라면 더더욱 그럴 테고요. 고달픈 삶의 와중에도 일상에서 한 발 뒤로 물러서는 여유를 가지는 일, 그래서 세상을 쭈욱 둘러보며 다양한 정보와 트렌드를 파악하는 게 문제 해결의 핵심입니다. 쉬었다가, 다시 가는 것이지요.

산다는 것은 준비와 쉼, 그리고 실전의 과정입니다. 학교에 다니는 것은 사회생활을 준비하는 연습이지요. 한 학기 동안 열심히 공부하고 방학을 통해 충전의 시간을 갖습니다. 직장 생활의 휴가나 이직을 위한 휴식기, 결혼하기 전의 연애 기간도 비슷한 준비의 과정이라고 할 수 있습니다.

세상살이에서 더 좋은 마중물을 만들고 싶다면 아무리 급해도 쉬어갈 수 있는 용기가 필요합니다. 얼마간의 짬을 통해 그동안 일에 쫓기며 미처 챙기지 못한 삶을 돌아보고 생각의 여유를 가져야 합니다. 어떤 일에 몰입할 때는 내가 보고 싶은 것만 보게 되는 문제가 있습니다. 눈앞의 일을 처리하느라 넓게 보고 다르게 생각해볼 여유가 없기 때문이지요. 하지만 일을 열심히 하고 나서 잠깐 쉬었다가 다시 보면 꼭 고쳐야 할 것이 생깁니다. 시일에 쫓겨 일할 때는 더 그렇습니다. 그래서 저는 논문이나 보고서를 제출하기 전 며칠 동안은 꼭 다른 일을 합니다. 아무리 전력 질주를 해서 준비했더라도 '딴짓'을 하고 나서 보면 전에는 보지 못한 새로운 게 눈에 들어오기 때문입니다. 최근에는 아예 더 큰 용기를 내어 봤습니다. 그간 바쁘다는 핑계로 미뤄 왔던 연구년을 맞게 된 것입니다. 치열한 세상에서 한숨 돌리며 지나온 시간과 앞으로의 삶을 돌아볼 생각입니다.

무조건 앞으로 전진만 외치며 가다가는 길을 잘못 들 수도 있고, 누군가, 혹은 뭔가를 뒤에 깜빡 두고 갈지도 모릅니다. 효율과 생산성을 강조하는 세상이라서 더더욱 쉬어가는 지혜가 필요한 것이지요. 많은 것들을 성취했다고 늘 좋은 것은 아닙니다. 많이 먹었으면 운동을 많이 해서 칼로리를 태우거나 화장실에서 자연으로 많이 돌려줘야 합니다. 그러지 않으면 살이 찌거나 속앓이를 하는 등 이런저런 탈이 생기지요. 과한 욕심은 언제가 됐든 내 삶을 망칠 것이니, 삶의 속도를 한 템포 늦추는 방법으로 그것을 털어 내야 합니다.

사람은 누구도 완벽하지 않고 동시에 누구에게도 배울 점이 있다는 사실을 잊지 않기 바랍니다. 세계적인 석학이라 할지라도 예외는 아닙니다. 학문적 성취에 더해 성품도 존경받는 분들이 대다수이지만, 개중에는 반사회적인 행동이나 기괴한 언변으로 물의를 일으키는 이들도 있습니다. 그들에게 배움을 구하는 사람들은 그 같은 기행을 인간의 다양성으로 이해하며 배우고 버릴 것을 잘 가리겠지요. 마찬가지로 세상 모두가 욕하는 악인에게도 배울 점은 있습니다. 아무리 밉고 나오는 철천지원수이며 타도해야 할 대상이라도 사람들은 모두 나름대로 긍정의 가치가 있습니다. 그것들을 찾아 나의 배움, 지혜로 삼으면 되는 것

이지요. 그러니 세상 사람들 모두가 나의 선생님이라고 해도 틀린 말은
아닐 것입니다.

배움은 양의 문제가 아니라고 생각합니다. 무조건 많이 배우기보다
는 내게 필요한 것을 배우려는 지혜가 필요합니다. 세상의 트렌드를 살
피는 와중에 이 부분도 함께 고민해야 할 것 같습니다. 더욱이 학생이
나 청년들에게는 많은 지식보다 가치 있는 가르침이 더 소중하겠지요.
다양성과 평등이 중시되는 요즘, 학생들의 이야기를 많이 들어 주고 그
들의 입장에서 생각해 보려고 애쓰는 것이 선생의 덕목이 아닐까 싶습
니다. 집에서 제 자식들이 저의 말을 안 듣고 선배나 선생님의 이야기
를 새겨듣듯이, 학생들도 부모보다는 제 말에 더 귀를 기울일 것 같아
무거운 책임감을 느낍니다.

오늘날 남을 가르친다는 것은 그들과 함께 숨 쉬며 생각을 나누는
과정이라고 믿습니다. 머릿속에 무작정 담아 주던 교육에서 스스로 깨
치게 하는 교육으로 트렌드가 바뀐 것이지요.

개방적 혁신을 앞당기는 법

 생물학과 인류 사회학을 바탕으로 우리 조
상이 살아온 이야기를 풀어 보겠습니다.

한 나라를 구성하는 민족은 '종족'이란 말로 대신할 수 있습니다. 포
유류인 인류에 속하는 아종subtype인 셈인데, 동물의 품종과 비슷한 개
념으로 이해하면 될 듯합니다. 세상의 모든 생명체는 자신이 속한 환경
에 적응하고 생존하기 위해 특이한 생물학적 변화를 거칩니다. 돌연변
이를 통해 신체 모양과 기능을 바꾸고 변화한 특성을 후세로 계속 전
하는 진화를 이행합니다. 인류의 경우 진화생물학자들은 다윈이 주창
한 진화론뿐 아니라 라마르크의 용불용설이 섞인 관점에서 호모 사피
엔스가 세상을 지배하게 되었다고 말합니다. 서로 다른 환경에서 진화
한 원시 인류가 서로 경쟁하고, 정복하거나 정복당했지요. 그다음 과정

으로 종족이나 민족을 형성하게 됩니다. 이 시기는 신체 특성의 변화가 수반되는 진화와는 달리, 환경에 대한 적응 과정인 만큼 보다 인류 사회학적인 변화라고 할 수 있습니다.

세계 곳곳에서 수많은 종족이 생겨났고, 이후 서로를 침략하거나 다른 지역으로 이주해 피가 섞이거나 하면서 새로운 종족이 계속 만들어졌습니다. 다른 민족끼리 함께 지내면서 다민족의 형태로 정착하는 경우도 있고요. 각각의 종족은 생물학적 특성이 아닌 언어적-문화적 특성에 따라 차별성을 띠게 됩니다. 환경과 도구, 음식 따위에 익숙해지면서 약간의 신체적 차이가 생길 수 있지만, 그런 생물학적 차이가 민족 정체성의 핵심은 아닙니다.

이들 종족은 오랜 세월 동안 함께 살다가 마침내 나라를 세웁니다. 지리적으로 주위와 단절된 산간 오지의 종족은 외부 종족과 섞일 기회를 얻지 못해 고유의 문화를 유지하면서 순혈 국가를 형성합니다. 또 어떤 종족은 다른 종족과 섞인 채로 그들만의 정통성을 유지하기도 합니다. 단일 민족 국가와 다민족 국가는 대개 이런 식으로 만들어지지요. 세계에는 3,000여 개의 민족이 있고 국가는 200개 남짓입니다만, 혈통적으로 온전한 단일 민족 국가가 가능할까요? 여하튼 이렇게 성립한 나라들은 서로 경쟁하고 싸우기도 하면서 국가로 발전하였고, 바로 그 사연이 인류의 역사가 되었습니다.

다음으로는, 동물 이야기입니다.

실험동물은 유전적 특성에 따라 몇 가지 계통으로 나눕니다. 첫 번째는 순종inbred strain입니다. 같은 부모의 자식들을 교배시켜 정말 순수한 품종을 만든 경우이지요. 두 번째는 폐쇄종closed colony으로 어떤 특성을 지닌 개체를 같은 지역 내에서 계속 번식시켜 만들어진 품종입니다. 세 번째로 교잡종hybrid strain은 서로 다른 순종끼리 교배시켜 만들어진 품종입니다. 마지막으로 잡종outbred은 부모도 다르고 품종도 다른 녀석들을 교배시켜 만들어진 품종입니다.

순종은 유전적 순수성이 높은 반면에 유전병 등의 문제가 생길 소지가 많습니다. 그에 비해 교잡종, 폐쇄종, 잡종으로 갈수록 유전적 다양성에 의해 유전병에 걸릴 가능성이 작아지고 생존력은 강해집니다. 허약한 순종의 생존력을 높이기 위해 오래 유지된 순종들은 교배를 통해 살짝 잡종으로 만들어 주는 게 그 때문이지요. 다시 말해, 유전적 다양성이 생명력과 번식력을 높이는 핵심입니다. 사람도 비슷해서 순수 혈통을 유지하는 왕족들에게서 유전병 등이 자주 발현한다고 하지요. 생물체의 생존력은 피가 섞임으로써 강해집니다.

저출산으로 인해 우리 사회는 기본 토대부터가 나날이 나빠지고 있습니다. 1970년대 초반에 출생한 40대를 피크로 이후 세대의 인구 감소는 향후 나라의 살림살이를 거덜낼 정도로 심각합니다. 2020년을 시작으로 고등학교 졸업생 수가 현저하게 줄어 존폐의 위기로 내몰릴 대학이 적지 않습니다. 대학뿐 아니라 국가 차원의 노동력 감소와 저조한 소비, 세수 부족, 인구 노령화에 따른 지출 증대, 경제 활력 저하, 국방력 약화 등등 심각한 문제에 직면할 것이 틀림없습니다. 인구 감소가 우리 사회와 경제에 미치는 파급 효과는 전쟁 그 이상이라고 해도 지나치지 않을 것입니다.

상황이 막중하고 당장 눈앞에 닥친 현실이니 다들 손을 놓고 있지는 않겠지요. 기업들은 생산 현장을 풍부한 노동력과 저렴한 인건비, 그리고 수요가 많은 국가로 이전하고 있습니다. 대학 역시 학교 운영에 경영 마인드를 도입하거나 우수 인재 확보, 전문성과 경쟁력을 높이는 수단과 방법 찾기에 고심하고 있지요. 하지만 아무리 정부나 학교들이 노력해도 이 거대한 흐름을 막아내기에는 역부족입니다.

무슨 방법이 없는 걸까요? 저는 발상을 전환해 '다른 것과의 교잡'이 기발한 선택지가 될 수 있다고 생각합니다. 동물이든 사람이든, 아니면 조직이나 국가든 고립되면 도태하기 쉽습니다. 기업이나 국가도 생물체처럼 생존력 강화를 위해 외부 조직, 심지어 다른 국가와도 융합이 필요하지 않을까요? 바야흐로 '개방적 혁신open innovation'의 시대로 접어든 것입니다.

생명공학(BT)이나 정보공학(IT) 분야의 선도 기업들은 경쟁력 향상을 위해 개방적 혁신을 적극 활용합니다. 이는 분업이나 협업과는 다른 개념입니다. 개방적 혁신은 내가 가장 잘하는 것을 확실하게 하되, 나머지는 전문성을 가진 남들에게 전적으로 의존하는 것으로 이해하면 됩니다. 단순한 분업이 아니기 때문에 개방적 혁신에 참여하는 기업은 자기 분야의 전문성을 널리 인정받을 '내공'을 갖춰야 윈-윈 구도가 완성될 수 있습니다. 개방적 혁신은 기업 간 연합이나 협업이 아닌 하나의 교잡합적 유기체로 움직입니다. 요컨대 특정 목표를 달성하기 위한 전문가, 전문 집단의 융합이지요. 한편으로 참여 기업 각자의 독립성 또한 중시합니다. 고유 분야의 경쟁력 강화를 위해서입니다.

개방적 혁신을 위해서는 무엇보다 참여하는 개인, 기업, 대학의 자기혁신과 신뢰가 필수라고 할 수 있습니다. 기존 제도와 관습을 스스로 깨는 과감함이 필요합니다. 능력을 100% 발휘하기 위해서는 약점을 솔직히 드러내 보이면서, 그것을 나의 강점으로 커버해야 합니다. 그 과정에서 벌거벗은 모습을 솔직하게 보여야 할 수도 있고, 원래는 내 것이었던 밥그릇을 내려놔야 할지도 모릅니다. 서로를 신뢰할 수 있어야 최상의 결합이 이루어지기 때문입니다. 대학이라면 다른 대학, 다른 나라의 학생은 물론, 직원과 교수까지 과감히 받아들이는 개방성과 아량이 필요한 것입니다.

국가 역시 마찬가지입니다. 경쟁력을 높이기 위해 해외로 탈출하는 기업들을 애국심에 호소하거나 법과 제도로 강제하는 시대는 지났습니다. 국내의 기업 환경을 획기적으로 개선하려면 다른 나라와 함께 개방적 혁신을 하는 수밖에 없습니다. 우리의 약점을 솔직하게 인정하면서 다른 나라, 다른 민족을 과감하게 받아들이는 용기도 가져야 합니다. 단일 민족의 자긍심 한구석에 다른 민족이나 국가에 대한 존중과 이해를 보태야 하고, 내려놓을 게 있으면 쿨하게 내려놓아야지요. 내어줄 것은 꼭 쥐고 있으면서 받을 것만 추구하는 태도는 한참 예전의 제국주의 시대에나 가능했던 논리입니다. 개방적 혁신이 오늘날 생존 전략의 핵심이 되어 버린 것이지요.

개인 또한 개방적 혁신을 통해 스스로의 가치를 높여야 하는데, 이를 위해 가장 중요한 것은 나의 전문성과 색깔, 그리고 네트워크로 이어지는 개방성입니다.

전문가, 이른바 '꾼'들의 융복합 공동체에 선수로 참여하기 위해서는 한 분야의 색다른 전문가가 되어야 합니다. 전문성이 중시되는 세상에서 '나의 색깔', 즉 정체성은 더더욱 중요한 가치를 가집니다. 전문성에 더해 자기만의 색깔이 분명하게 드러날 때 그의 경쟁력은 우뚝 서게 될 것입니다.

개방적 혁신은 분명 시대정신이 되었지만, 사람을 효율성의 재물로만 삼을 수는 없습니다. 어느 조직의 기능이 십분 발휘되기 위해서는 어쩔 수 없이 그 구성원들을 '부품'으로 활용해야 합니다. 그들 하나하나가 '명품'일수록 더욱 뛰어난 조직이 되겠지요. '사람이 재산'이라는 말이 결코 틀리지 않습니다. 아무리 기술 문명이 발달해 '사람값'이 떨어진다 한들 사람의 가치는 크게 변하지 않을 것이고, 그 재산을 불리기 위해서라도 사람 냄새를 풀풀 풍겨야 하지요.

누구에게나 한 번뿐인 삶, 실감을 잘 못 해서 그렇지 사람은 태어난 날부터 살아갈 시간이 점점 줄어듭니다. 개방적 혁신을 하든 뭐를 하든 세상에 있는 동안에는 하고 싶은 일을 하고 이루고 싶은 것들을 이루며 열심히 살아야지요. 그러면서 나눔을 실천하는 삶이라면 더 좋을 것 같

· · ·

사람들의 소원이 한데 모여 있습니다.
저 많은 동전 중에 누구의 바람이 이루어질까요?

습니다. 무인도에 혼자 사는 사람이 출세나 자아성취에 목을 맬 이유는 없고, 나눔은 더더욱 필요치 않습니다. 본능에 충실히 살면서 무인도 환경에 적절히 생존하면 그만이지요.

하지만 사람들이 옹기종기 살아가는 세상에서는 이야기가 다릅니다. 내가 이룬 나의 삶도 사람들과 어울리고 나눌 때라야 의미를 갖습니다. 그들이 세상 사는 맛을 느끼게 해주는 것이니 그 대가로서 조금 나눈다고 여겨도 좋습니다. 저마다의 포부를 마음껏 펼치면서도 사람 냄새 솔솔 나는 세상은 '뭐 나눌 거 없나?'라며 주위를 둘러보는 이들이 있기에 가능할 것입니다.

인생이 과학 실험이라면

말버릇인지는 모르지만 "내가 앞으로 어떻게 살까?"라며 혼자 중얼거리곤 합니다. 그러면 옆에 있던 아내가 "보통 당신 나이가 되면 다른 사람들은 지금까지 쌓아 놓은 것들을 지키려고 하는데, 당신은 왜 자꾸 뭔가를 벌이려고 그러냐!"라며 격한 핀잔을 분출합니다. '하루살이'처럼 오늘 하루만 바라보며 사는 게 최선이라고 믿는 저는 솔직히 삶에 대한 이렇다 할 포부가 없습니다. 그럼에도 하고 싶은 일은 아직 차고 넘칩니다. 삶에 대한 욕심 때문에 그럴까요? 아니면 인생의 회한이 많아서? 몸이 늙기 전에 뭔가를 더 하고는 싶은데, 그렇다고 바둥거리며 살고 싶지는 않습니다.

그냥 하루하루 뭔가를 하는 게 좋습니다. 단지 매일 똑같은 일을 하는 것은 딱 질색입니다. 어제 강아지들 산책을 시켰으면 오늘은 아내와 함께 쇼핑하는 게 좋고, 내일은 영화를 보고, 또 모레는 다른 잡다한 뭔가를 해야 생활의 안정감을 느낍니다. 날마다 똑같은 일을 같은 시간에 반복했다고 알려진 임마누엘 칸트가 저를 보면 한숨을 내리쉬겠지만, 오히려 전 소소한 변화가 마음의 평온을 가져다줍니다. 그래서 "내가 앞으로 어떻게 살까?"라는 모놀로그가 저에게는 '오늘 하루를 또 어떻게 바꿀까?'라는 궁금증이기도 합니다.

과학 연구에는 3가지 중요한 원칙이 있습니다. 1. (상이한 조건에서) 결과 수정의 용이성, 2. 객관성, 3. 재현성 확보입니다. 이들 원칙을 충실히 지키기 위해 연구실에서 실험할 때 꼭 따라야 할 지침도 있습니다. 실험자가 소속 연구실에서 하는 모든 실험은 누가, 언제 하든 간에 반드시 동일한 절차를 거쳐야 합니다. 그래야 실험에서 의도적으로 바꾼 조건이 만드는 변화를 알아차릴 수 있습니다. 만약 내가 의도적으로 바꾼 것 외의 뭔가가 나도 모르는 사이에 달라졌다면 기껏 실험한 결과의 원인 분석이 오리무중에 빠지거나 잘못된 해석으로 이어집니다. 저희 연구자들은 그것을 표준실험지침standard operation protocol(SOP)이라고 부르며 연구의 기본 중 기본으로 삼고 있습니다.

우리 삶에도 SOP 같은 게 있을까요?

어렸을 적부터 나이 육십을 바라보는 지금까지 살아오면서 적어도 이것만큼은 꼭 지켜야겠다고 생각하는 게 두어 가지쯤 있습니다. 세상을 살아가는 이런저런 마음가짐이나 요령이 있겠지만, 그런 것들을 하나하나씩 뺐을 때 가장 마지막에 남을 가치이지요.

그 첫 번째는 나와 다른 사람에 대한 선의goodwill입니다. 이 세상을 무너뜨리지 않고 지켜 주는 가장 소중한 덕목이라고 생각합니다. 또 한 가지, 꼭 지켜야 할 것은 바로 건강health입니다. 육체적이든 정신적이든 건강을 잃으면 다 잃는 거지요. 내 스스로 할 수 있는 일이 차츰 줄어들고, 약에 의존해 시간을 보내거나, 꿈꾸었던 많은 일들을 시도도 못 한 채 다음 세상으로 떠나야 합니다. 무엇보다 내가 힘들고, 그런 나를 돌봐 주는 주변 이들도 힘들게 하는 게 건강 문제이지요.

선의와 건강, 이 두 가지 SOP를 지킨다면 나머지는 그때그때 최선의 요령을 떠올려 열심히 살면 되는 것 같습니다. 이런 이야기를 출판사 분께 했더니 바로 뭐라고 합니다. "이 험하고 복잡한 세상을 그것만으로 어떻게 살아가요!?"라고요. 자아실현을 위한 목표 의식이나 열정, 끈기 같은 것들도 SOP에 포함되어야 하지 않겠느냐는 이야기였습니다. 맞습니다. 성공하고 의미 있는 삶을 만들기 위해 꼭 필요한 덕목들이지요. 단지, 저는 그것들을 SOP가 아닌 언제든 바꿀 수 있는 실험 대조구 정도로 생각하려 합니다. 굳이 분명한 목표 의식으로 똘똘 뭉쳐 있지 않더라도 선의, 그러니까 좋은 의도를 가지면 좋은 생각들이 머릿속에 떠오르든 눈에 보이든 합니다. 열정으로 충만해 있지 않아도, 목표에 대한 절박함으로 스스로를 채찍질하지 않더라도 선의가 있으면 세상에서 이루거나 만족할 수 있는 것들이 꽤 많습니다.

어떤 때는 열정적으로 또 어떤 때는 그냥 바라만 보면서, 중요한 것들을 잘 챙기며 살다가 더 소중한 게 눈에 띄면 이전의 덜 중요한 것들을 버려 가면서 살면 될 것 같습니다. 그때마다 선택을 해야 하겠지만,

어떤 선택을 하든 소중한 결정입니다. 결과만 가지고 이전의 나의 선택을 평가절하해서는 안 됩니다. 다 내 삶을 만드는 소중한 재료이기 때문입니다.

세상은 다채롭고 삶은 다이내믹하기에 살아가는 즐거움이 생기는 것 같습니다. 모든 사람의 삶이 비슷비슷하다면 기계 부속과 크게 다를 바 없지요. 열심히 쓰이다가 고장 나면 그냥 버려질 것입니다. 사람은 기계가 아니기에, 저마다 색다른 향기가 있습니다. 오래전 큰 인기를 끌었던 TV 만화 〈꼬마 자동차 붕붕〉에서 사람 냄새를 맡으면 힘이 나는 붕붕이처럼 자기만의 삶의 향기를 만드시길 바랍니다.

사람들이 어떤 색깔을 내비치든 모두 세상을 만드는 요소입니다. 그것을 수긍하는 마음으로 상대를 바라보는 것 자체가 의미 있고 용기 있는 모습이지요. 뭐, 서로 좀 싸우면 어떻습니까? 상대방이 악마도 아니고 내가 천사도 아닐 텐데요. 저마다 좋은 점과 나쁜 점이 뒤섞인 사람들끼리 싸우면서 서로를 더 잘 알게 되고, 화해의 길로도 이어져 이후의 관계가 더욱 끈끈해지는 법입니다.

인생의 절반 이상을 살았는데도 제가 선택할 수 있는 것들이 아직 어마어마하게 많은 것 같습니다. 제가 앞으로 어찌 될까요? 삶의 SOP만 잘 지키고 있으면 '어떻게든' 되겠지요. 뭐가 되든 세상을 만드는 아주 조그마한 단편으로 남을 것입니다. 그래서 행여 사람들에게 '나쁜 놈! 나는 저렇게 살지 말아야지.' 하는 느낌을 주더라도 세상 어느 한 구석에 작디작은 영향을 미치게 되겠지요. 그러니 이번 생을 마감하는 그 순간까지 저는 뭔가를 하고 있어야 합니다.

하찮은 행동이나 생리적 반응마저도 우리를 세상에 남아 있게 하는 소중한 것들입니다. 그런 사람들 하나하나가 모인 곳이 사회이고, 이 나라이고, 이 세상이니 아무리 보잘것없는 것 같아도 나의 가치는 무궁무진하다고 믿습니다.

앞의 출판사 분에게 살아가면서 가장 소중한 게 뭐라고 생각하느냐고 물어보았습니다. '건강'이라고 대답할지 몰라서 그것은 제외하라는 단서를 달았지요. 그가 망설이는 기색 없이 대답합니다.

"행복 아닌가요? 다 행복하게 살려고 그 고생을 하는 거니까요."

전혀 틀린 말은 아닙니다. 다만 '표준 인생지침'에 넣기에는 좀 뿌옇다는 생각이 듭니다. 행복은 '무슨 일이 있어도 꼭 행복해질 거야!'라며 작정할 게 아니라, 평소에 누리며 살아야 하는데 말이지요.

25

살아온 날들, 다시 살아갈 날들

지금은 세상을 떠난 어느 인기 가수의 〈서른 즈음에〉라는 노래를 기억하실 것입니다. 예전에 직장 동료나 친구들과 노래방에 갔을 때 '또 하~루 멀어져 간다.'로 시작하는 이 노래를 누가 처연히 부르면 새삼 나이가 들었음을 실감하곤 했습니다.

그때가 마흔 무렵이었습니다. 문득 '와, 벌써 사십 줄이네.', 혹은 '지금 이 나이가 되도록 나는 뭘 했지?'라는 생각이 들었지요. 그러다가 '앞으로 살날이 산 날보다 더 짧네!'라는 생각에 시무룩해지기도 했습니다. 그렇게 살다 보니 이제 오십을 훌쩍 넘어 버렸습니다. '오십 즈음에'라는 노래는 못 들어본 듯한데, 남은 삶이 마흔 때보다 십 년 이상 더 줄었는데도 우울한 생각은 도통 들지 않습니다. 득도를 해서 그럴 리는 없고, 역설적으로 세상살이가 각박해지고 더 힘들어져 낭만적인 마음을 갖기 어려워진 탓인지도 모르겠습니다.

인생은 그 나이 무렵에 해야 할 일들이 따로 있습니다. 대개 스무 살 전에는 공부를 열심히 하고, 서른 전에는 일자리를 잡아야 하고, 그 후에 결혼하고, 집도 사고 등등의 인생 커리큘럼 같은 거지요.

마흔 즈음에는 인생의 큰 방향을 한 번쯤 정리하는 게 좋을 것 같습니다. 이래저래 많은 것들이 바뀌는 시기이니까요. 저도 마흔 언저리일 때 생각이 확 변했다고 주위 친구들에게 곧잘 말합니다. 이전보다 말이 엄청 많아졌고, 잘난 체가 늘었고, 그러면서 아이들을 더 예뻐하게 되었더라는 따위의 이야기이지요. 친구들도 대개는 공감하며 같이 놀아 줄 사람들이 줄어서 그렇다거나, 생리적으로 호르몬 변화 때문에 그렇다는 등 그럴듯한 해석을 주거니 받거니 합니다.

오십을 넘겨서는 사십 대와 비교해 이렇다 할 큰 변화는 없지만, 예전보다 감성적이 된 것 같고 참을성도 좀 없어진 것 같습니다. 나머지는 그냥 사십 대에 바뀐 생각대로 슬금슬금 지내고 있다고나 할까요? 예전에 쌓아 놓은 밑천을 활용하며 소소한 것들에서 살아가는 재미를 느끼는 일이 늘었습니다. 반면에 이전처럼 억척스럽게 살아가려는 태도는 확 줄었고요.

이 같은 크고 작은 변화에 대해 저는 나이를 먹어서인가?, 라며 그러려니 하고 있습니다. 여름철에는 여름옷을 입고, 겨울이 되면 겨울옷을 입지요. 젊은이들에게 맞는 캐주얼 룩이 있듯이 어른들에게 어울리는 점잖은 옷이 있으니, 이런 변화를 나쁘게 생각할 필요는 없을 것 같습니다. 계절에 따라 옷을 갈아입듯이 '내게도 인생의 가을이 왔구나……'라는 생각으로 지금의 나이에 필요한 것들을 가꾸며 살아가면 되지 않을까요?

그런데 삶의 기회가 아직 많은 청년들이라면 좀 달라야 할 것 같습니다. 그들에게는 일단 한 우물을 파는 꾸준함, 그리고 어떤 일에 송두리째 몰입할 수 있는 열정을 빼놓을 수 없습니다. 인생의 성공과 실패의 의미를 아주 단순화했을 때 제 나이 무렵에 안정적인 직업을 가지고 있고 크게 굴곡 없는 생활을 유지한다면 그런대로 '성공한 사람' 축에 들지 않을까요? "하는 일 잘 돌아가고 있고, 나도 가족들도 다들 편히 잘 지내."라고 말할 정도면 적어도 실패한 삶은 아니지요. 이를 위해 젊은 시절, 내가 하고자 하는 일에 대한 열정과 몰입은 선택이 아니라 필수라고 하겠습니다.

더욱이 청년들에게 틀에 박힌 뭔가에서 적극적으로 '일탈'할 수 있는 용기, 그리고 일 때문에 정신이 없을수록 한 번쯤 쉬어 가는 지혜를 가지길 권합니다. 세상살이가 먹고사는 걱정이 없다고 행복한 삶을 보장해 주지는 않습니다. 자아실현, 행복 같은 가치와는 별개로 '사는 재미'만을 놓고 보면 안정된 삶만으로는 왠지 부족하고 일상의 따분함 역시 해결되지 않습니다. 젊은 시절의 일탈을 권하는 이유는 바로 그 때문입니다. 비행이나 도덕적 탈선을 해보라는 뜻이 아니라, 여태 익숙한 삶에서 조금은 벗어나 자신의 나이대에 걸맞은 새로운 일들을 뭐든 해보라는 거지요.

스토리가 풍부한 삶일수록 사는 재미가 있는 법인데, 일상에서 벗어난 일탈은 재미와 함께 삶을 보다 알차게 해줍니다. 많은 것들을 경험하고, 여행도 많이 다녀 보라는 조언도 덧붙이고 싶습니다. 나이가 들어서 하는 일탈 또한 사는 맛을 위한 좋은 시도라고 생각합니다. 단지, 젊을 때와는 달리 열정보다는 세련미, 패기보다는 노련함을 겸비해야지요. 나잇값도 못 한다거나 주책이라는 소리를 구태여 들을 필요는 없으니까요.

우리는 살면서 일상의 많은 것들에 의미를 부여합니다. 직업과 결혼, 출생 같은 인생의 대소사는 물론이고 재테크, 취미, 여행, 친구, 동호회 활동 등에 크고 작은 정성을 쏟지요. 그중 어떤 일이 내게 더 중요하거나 소중할까요? 당연히 정답은 없습니다. 본인이 느끼고 받아들이기에 따라 아주 중요할 수도, 아무 관심조차 없을 수도 있습니다. 행복이나 삶의 의미 같은 것도 그런 게 아닐까요? 아무리 사소한 일이라도 내가 받아들이기에 따라 삶의 보람, 행복으로 다가오는 법입니다.

세상이 원하는 답을 너무 좇아다닐 필요는 없습니다. 나에게 맞고 내가 원하는 일이 우선입니다. 그렇게 살았다가 훗날 별로 이룬 것도 없이 나이만 먹으면 어떻게 하나, 라는 걱정이 들 수도 있지만 괜찮습니다. 아무 일도 하지 않는 게 아니니까요. 십 년 이상 같은 우물을 팠다면 거기서 뭐가 나와도 나올 것이고, 무엇보다 본인이 원하는 삶을 사는 것의 가치 또한 결코 작지 않습니다.

남들이 다 누리는 지나간 젊은 시절의 아쉬움이요? 가을에는 떨어지는 낙엽을 즐기며 그에 취해야지, 구태여 봄에 피는 꽃들이나 여름의 생동감을 그리워하며 한숨을 내리쉴 필요는 없지 않을까요? 봄이나 여름을 살아 보지 않은 것도 아닌데요! 한번 가만히 생각해 보기 바랍니다. 내가 가장 소중하게 생각하는 일이 내 삶에서 가장 가치 있는 일이 될 것입니다.

앞의 〈스스로 행복해지는 법〉에서 '걷기 예찬'에 대해 썼습니다만, 제가 좋아하는 산책을 할 때 매번 같은 길을 또 걸어야 하는 지루함이 있었습니다. 그래서 발길 닿는 대로 걷곤 하지만, 예닐곱 가지 경우의 수로 길을 걷고 나면 또 싫증이 납니다. 그래서 고안해낸 방법이 '반대 방향으로 걷기'입니다. 어느 날 문득 산책 코스가 싫증이 나길래 무심코 평소에 가는 길의 반대로 걸어 봤더니 똑같은 길인데도 전혀 다른 느낌이 들었습니다. 마치 똑같은 자동차인데도 앞과 뒤의 느낌이 전혀 다를 때의 기분이라고 할까요? '거꾸로 걷기'의 신박한 체험은 세상살이에도 적용할 수 있을 듯합니다.

처음부터 목표를 세우고 꾸준히 노력하던 일이 잘 안 풀릴 때가 있습니다. 매일같이 해오며 익숙해진 일인데도 생각만큼 성과가 안 나오거나 예상과는 다른 결과와 마주치는 경우입니다. 같은 일을 반복하다 보면 싫증이 나고 결과가 성에 차지 않아 힘도 빠집니다. 그럴 때 조그만 변화를 주면 어떨까요? 일을 되짚어 보거나, 일 순서를 바꾸어 봐도 좋고요. 내가 아주 잘 알고 있을 거라는 애초의 생각과는 달리 뭔가 못 보던 것이 눈에 들어올 수도 있고, 새로운 아이디어가 떠오르거나 그때까지 몰랐던 실수를 알아챌 수도 있습니다. 어떤 일에 익숙하다는 것과 완벽하게 안다는 것은 엄연히 다릅니다. 언제, 어떻게 보느냐에 따라 전에는 아주 식상하게 느꼈던 것에서도 전혀 생각지 못한 '선물'을 챙길 수 있습니다.

뻔하게 여겼던 일상의 사소한 것들에서 '뻔하지 않은' 새로운 의미를 찾아보기 바랍니다. 거꾸로 보고, 돌려서도 보면서요. 우리 주위에는 늘 그 자리에 있었지만, 우리가 관심을 주지 않아 모르고 있거나 아무 재미도 없던 것들이 꽤 많습니다. 여기에 한번 마음이 꽂히면 사는 게 참 재미있고 보람찰 것 같습니다. 게다가 운이 좋으면 거기서 내 삶에 소중한 뭔가를 찾을지도 모릅니다!

제 삶의 네 번의 터닝 포인트에 대해 앞에서 말씀드렸습니다. 초등학교 시절부터 대학 입학 사건에 이어 첫 직장을 잡을 때, 그리고 사십 대에 '모든 것을 다 잘하는 사람은 없다.'라는 아주 당연한 깨달음을 얻기까지 많은 시간이 필요했고 많이 힘들기도 했습니다. 그런 끝에 이제 다섯 번째 터닝 포인트 앞에 선 것 같습니다. 현재 진행형이라 어떤 결말로 마무리될지는 아직 모르겠습니다. 어쩌면 이번 세상을 떠날 때까지 '터닝'만 하다가 끝날지도요…….

이 같은 변곡점을 거치며 살아온 날들에서 제가 느끼는 세상살이의 핵심은 내가 잘할 수 있는 일만 하는 것과 그 나머지 일들은 다른 사람들과 나누며 이루어 가는 삶입니다. 서로의 자리를 지키며 살아가되 다른 이들을 위한 자리 한구석을 남겨 두는 아름다움이지요. 내가 잘하는 것을 나누는 대신에 못하는 것들은 좀 얻어다 쓰면 됩니다. 이를 위해서는 평소 내 일에 충실하면서도 사람 냄새를 풍기며 주위와 소통을 원만하게 이어 가야 하지 않을까요? 익숙하지 않은 것들을 새롭게 깨닫는 즐거움도 사이드로 챙기길 바랍니다. 그것들을 꼭 내 색깔로 만들 필요까지는 없지만, 여태 익숙해서 그냥 지나쳤던 것들의 소중함을 다시금 느끼는 계기가 될 것입니다.

삶은 오묘하게도, 나눌수록 더 채워집니다. 내가 가진 것들을 주고, 또 주고, 좀 더 주고……. 대가를 바라지 않고 마음을 비울 때 뭔가가 더 채워지는 것이지요. 사람 사는 인연이 그렇게 시작하고, 사는 재미와 사는 맛도 여기서 나온다는 사실을 조금씩 알아 가고 있습니다. 그렇게 퍼주기만 하면 내게 뭐가 남겠느냐는 걱정은 붙들어 매도 좋습니다. 내가 준 것들의 일부는 되돌아올 것이고, 또 그중의 일부는 몇 배로 돌아올 테니까요.

마지막으로 살아가는 팁을 하나만 더 드리자면, 뜻을 펼칠 때 남들의 눈치를 요령껏 보기 바랍니다. 나보다 힘센 사람들에게 욕먹는 것은 훈장일 수 있지만, 나보다 힘겨운 처지에 있는 사람의 비판은 삶의 치욕으로 남을 수도 있습니다.

오십 줄에 들어서기까지 나름 열심히 살아 보고, 이런저런 실수나 시행착오도 숱하게 겪으며 제가 내린 결론은 이런 것들입니다. 부족하나마 저의 자리에서 제가 잘할 수 있는 일들을 웬만큼 하며 살아오지 않았나 싶습니다만, 앞으로 살아갈 날들은 좀 더 나누는 삶을 골몰해 봐야겠습니다. 그러면서 일상의 소소한 것들이 주는 즐거움이 더 많아진다면 이 또한 참 고마운 일이지요!

맺음말

우리 삶을 풍성하게 해주는 것들

책 여기저기에 '전문성을 갖춰라.', '소통하고 나눠라.', '사람 냄새를 풍겨라.' 같은 메시지가 거듭 나오지만, 이런 명제들은 당연히 절대적인 가치를 지니지 않습니다. 같은 듯 보여도 다른 세상을 우리들 각자가 살고 있지요. 똑같은 상황에 마주친들 내가 다른 누구와 똑같이 느끼는 것은 아닙니다. 수많은 사람들, 여기에 또 수도 없이 많은 사건들이 얽히고설킨 세상을 살아가며 나에게 맞는 깨달음을 만나야 하는 이유는 그 때문입니다.

훌륭하고 모범적인 삶에 너무 얽매일 필요도 없을 것 같습니다. 우리는 성인군자가 아니니까요. 설령 성인을 흉내 내보았자 남들이 그리살지 않으면 나만 속상할 뿐이지요. 현실은 좋은 사람들만 가득한 행복한 세상도, 나쁜 놈 천지도 아닐 것입니다. 만약 세상을 어느 한쪽으로 보려 한다면 영화 〈매트릭스〉에서처럼 허구의 세상에서 내 삶의 가치를 찾으려 허우적대지 않을까 걱정스럽습니다.

세상을 있는 그대로 받아들이는 가운데 선의를 가지고 요령껏 헤쳐 나가려는 태도가 중요할 것 같습니다. 사람들과 경쟁하더라도 완승하기보다는 시소게임처럼 오르락내리락하고, 내가 남들을 흉보는 만큼 나를 싫어하는 사람도 분명 있을 테니 때로는 이기고 때로는 지면서 엎치락뒤치락하는 거지요. 내 마음 같지 않은 세상을 살아가는 짜릿한 묘미는 이때 느껴지는 게 아닌가 싶습니다.

저는 4월 5일 식목일에 태어났습니다. 그래서인지 묘목처럼 이곳저곳에 뿌리를 내리려 꽤나 노력했던 것 같습니다. 학사, 석사, 박사 학위의 종류가 다르고 연구원 때나 현재 재직하고 있는 대학의 전공도 각양각색입니다. 그 와중에 나 홀로 아름드리나무로 크기보다 세상에 도움이 되는 씨앗을 빨리 내어 사람들과 함께 울창한 숲을 만들고 싶었습니다. 학교의 보직을 맡았을 때는 차분히 환경에 순응하기보다 잘못된 것을 고치고 새로운 것을 '심고자' 요구하는 일이 많았습니다. 그런데 새로운 토양에 적응하지 못한 묘목은 씨를 뿌리기도 전에 시들어 죽지요. 제가 바라던 것을 이룬 적보다 이루지 못한 때가 훨씬 많다는 사실을 나이가 들면서 알게 되었습니다.

다행히도, 바라던 것을 가질 기회가 우연히 찾아왔을 때 그것을 꼭 움켜쥘 수 있었습니다. 뉴욕 양키스의 전설적인 포수, 요기 베라의 "길거리에 은수저가 보이면 집어라."라는 말처럼 모처럼 찾아온 기회를 놓치지 않았으니 운이 참 좋은 것 같기도 하고, 한편으로 '내가 원래 승부에 강한가?'라는 생각이 들기도 했습니다. 신앙심이 깊은 저희 수양어머님은 이런 저를 보시며 "하나님이 너를 어마어마하게 사랑하신다."라고 말씀하시곤 합니다.

그렇게 분에 넘치는 것들을 이루다 보니, 저 혼자서 할 수 있는 일이 아무것도 없다는 사실을 알게 되었습니다. 남들에게 제 생각을 주입하는 게 불가능하다는 것도 알게 되었고, 세상이 내가 원하는 대로 돌아가지 않는다는 당연한 이치도 새삼 깨달았습니다. 결국 남들의 생각에 맞춰 주면서 내가 원하는 것을 조금 가져가는 게 가장 '남는 장사'라는 결론에 다다랐지요.

As you wish(당신이 원하는 것처럼) 해보자고요. 저도 곁에서 도울 테니! 혼자서는 아무것도 이룰 수 없다는 사실을 알게 된 사십 대 후반에 터득한, 제가 세상을 살아가는 비법(?)입니다.

세월이 우리에게 주는 가장 큰 선물은 사람들과의 만남에서 비롯되는 깨달음입니다. 책이나 포털 등에서 접하는 지식은 어디까지나 보조 수단일 뿐, 사람들과의 만남이 나답게 살아가게 하는 소중한 깨달음을 줍니다. 저 역시 오랫동안 사람들과 부대끼고 좌충우돌하면서 많은 것을 배울 수 있었습니다. 대학의 변화를 노래 부르며 동분서주하다 보니 뜻을 함께할 동지도 만들었지만, 그보다 훨씬 많은 분들의 마음에 상처를 주거나 불편하게 하였습니다. 그런 제 모습에 자괴감을 느끼던 중에 일 년 전쯤 맡고 있던 보직을 그만두었습니다. 연구년이란 '자유로운 시간' 속에서 제가 살아온 길을 정리하며, 이제 또 어디에 뿌리를 내려야 좋을지를 진중하게 고민하고 있습니다.

연구년을 알뜰하게 보내고 있는데, 난데없이 질병 팬데믹에 휩쓸렸습니다. 우리 세대가 일찍이 경험하지 못했던 충격과 혼란! 세상이 온통 아우성입니다. 가뜩이나 세상살이가 퍽퍽해진 사회를 바이러스가 뒤덮으며, 살아남기 위해 부단히 애쓰는 사람들의 모습이 사방에서 보입니다. 사람들 간 삶의 격차가 어마어마하게 커져 버린 모습에 더더욱 놀라고도 있습니다.

세상이 힘들어지면 사람들은 더더욱 경쟁에 내몰리고, 서로의 민낯을 드러내면서 사람과 사람 간의 거리도 차츰 멀어지게 됩니다. 그 와중에 엉뚱한 일도 생기곤 하지요. 일전에 동료 교수들과 식사하면서, 비대면 강의 시대임에도 상당수 학생들이 상대 평가를 선호한다는 이야기를 듣고 놀란 적이 있습니다. 학생들의 내면에는 '열심히 공부한 내가 빈둥거리는 다른 친구들과 똑같이 취급받을 수는 없다.'라는, 어찌 보면 당연한 생각이 자리 잡고 있습니다. 하지만 다른 친구들이 어떻게 노력하는지 제대로 알지 못하면서 여하튼 그들만 넘어서면 그만이라는 생각에는 동의할 수 없습니다. '사촌이 땅을 사면 배가 아픈' 우리들의 자화상이 아닌가 하면서도, 바로 이 점이 거부하기 어려운 우리의 천성인지도 모르겠습니다.

내 것을 지키고 더 많은 것들을 가지려는 마음을 나쁘다고만 할 수는 없습니다. 그 치열함과 절박함이 전쟁의 폐허 위에서 한민족 최대의 융성과 확장을 누리게 만들었으니까요. 단지, 나를 넘어 우리의 문제를 헤아리려는 지혜가 필요하다는 생각이 듭니다. 지금처럼 급격하게 바뀌는 시대에서는 어쩔 수 없이 뒤처지는 이웃을 한 번쯤 꼭 챙겼으면 합니다. 여름 장마 전후로 비탈길 축대나 제방을 두루 살펴야 하듯이, 우리가 몸담고 살아가는 사회가 이대로 좋을지 둘러보며 허술한 곳에 작은 힘이라도 보태려는 여유를 갖자는 거지요. 그러다 보면 내 것을 누군가에게 빼앗긴다는 생각이 들 수도 있고, 내가 이렇게 한다고 '과연 세상이 알아줄까?'라는 의구심이 들지도 모르겠습니다. 그래도 나 하나부터 바뀌도록 노력해볼 일이지요. 산이 푸르러 보이는 것은 나무들 하나하나가 뭉쳤기 때문입니다. 세상을 바꾸는 '기적' 역시 사람들 마음이 조금씩 모여 만들어지지 않을까요?

너무 익숙해서 소중한 것들을 지나쳐 버리거나 만만하게 보는 일이 우리에게는 적지 않습니다. 어떨 때는 정말 소중한 것들도 그냥 흘려보내곤 하지요. 교수의 본래 직분은 가르치는 업인데, 저만 하더라도 학교 일 때문에 본업을 소홀히 할 때가 있습니다. 특히 직장이 바쁘다는 이유로 가족과의 시간을 희생하지는 않았는지도 꼭 돌아볼 일입니다. 퇴임한 어느 선배 교수님께 "가장 가까워야 할 가족과 서로 다른 세상에서 살아왔다."라는 고백을 들은 적이 있습니다. 현직일 때는 정말 열심히 일만 하셨는데, 퇴임 후 식구들에게 투명인간 취급을 받으며 속상해서 하신 말씀이었지요. 참 안타까운 마음이 드는 한편, 저도 덜컥 겁이 났습니다. "대의를 위해 사사로움을 희생하자!"라는 가부장적 호기를 부리는 저라서 선배님 이상의 푸대접을 식구들에게 받고도 남을까 봐 노심초사하고 있습니다.

　지금 내 곁에 있는 게 당연한 '소중한 것들'을 좀 더 챙기면서 살아야겠습니다. 바로 그들 안에 제가 살아가는 이유와 삶의 기쁨이 녹아 있기 때문입니다. 가족과 건강, 회사 일, 반려동물, 제자와 친구들, 집을 나서면 보이는 온갖 생물들, 그리고 이웃 사람들…….

　그들 하나하나가 제 삶을 풍성하게 해주었건만, 저는 그저 씨앗을 만드는 데에만 골몰했나 봅니다. 인생의 가을을 지나고 있는 지금, 그들과 함께라면 삶의 멋진 앙상블을 만들 수 있지 않을까요? 스피노자가 왜 뜬금없이 '내일 세상이 망하더라도 오늘 한 그루의 나무를 심겠다.'라고 말했는지 이해가 될 듯합니다. 그처럼 저는 사람들을 만나겠습니다. 소중한 사람들은 물론이고 제가 잘못한 사람에게는 용서, 하다 못해 말이라도 한번 걸어 보겠습니다. 저한테 나쁜 짓을 한 인간에게는 한마디 사과라도 받고요. 그러고 나서 얼마간 시간이 나면 혹시 있을지 모를 세상의 종말을 피하는 방법을 찾아 이웃들과 머리를 맞대 보아야겠습니다.

　책을 다 쓰고 나니 다시금 세 얼굴이 떠오릅니다. 하늘나라에 계신 아버지와 치매로 고생하시는 어머니, 그리고 늘 헌신적인 아내……. 고맙습니다. 사랑합니다.

살아갈 날들을 위한 좋은 마음가짐에 관하여

오늘도 인생의 깨달음을 만났습니다

초판 1쇄 발행일 | 2020년 10월 10일

지은이 | 임정묵
펴낸이 | 이우희
펴낸곳 | 도서출판 좋은날들

출판등록 | 제2011-000196호
등록일자 | 2010년 9월 9일
일원화공급처 | (주) 북새통
(03938) 서울시 마포구 월드컵로36길 18 902호
전화 | 02-338-0117 · 팩스 | 02-338-7160
디자인 | 宇珍(woojin)
이메일 | igooddays@naver.com

copyright ⓒ 임정묵, 2020
ISBN 978-89-98625-39-9 03190

✱ 값은 뒤표지에 있습니다.
✱ 잘못 만들어진 책은 서점에서 바꾸어 드립니다.